시로 그리움 유혹하는 법

시로 그리움 유혹하는 법

초판 1쇄 인쇄 2021년 11월 17일
초판 1쇄 발행 2021년 11월 30일

신고번호 제313-2010-376호
등록번호 105-91-58839

지은이 송숲을

발행처 보민출판사
발행인 김국환
기획 김선희
편집 정은희
디자인 김민정

주소 서울시 강서구 마곡서로 152, 두산타워 A동 1108호
전화 070-8615-7449
사이트 www.bominbook.com

ISBN 979-11-92071-07-7   03800

- 가격은 뒤표지에 있으며, 파본은 구입하신 서점에서 교환해드립니다.
- 이 책은 저작권법에 의하여 보호를 받는 저작물이므로 무단 전재와 복사를 금합니다.

시로 그리움 유혹하는 법

송숲을
시집

너 생각보다 향이 좋더라
오랜 세월 홀로 견뎌온 솔숲향이 나더라

프롤로그

　송숲을 시인은 영어, 스페인어, 불어와 우리말로 시를 쓴다. 스페인어 시집 〈존재의 거품〉을 칠레에서 발간했고, 불어 시집 〈그리움의 역사〉를 프랑스에서 발간했다. 영어권에서 곧 영어 시집을 발간하는 계획도 가지고 있다. 한국에서 살았던 햇수만큼 칠레에서 살아온 시간이 똑같은 현시점에서, 지구 반대편에서 여러 해 동안 모국어 시어를 혼자 갈고 닦아온 세월에 격려하고 싶은 마음에서, 또한 팬데믹 시대를 사는 (팬데믹이 끝난 이후에도) 고국의 독자들에게 조금이나마 힐링이 되는 그런 시를 나누고 싶은 마음에서, 그동안 흩어져 있던 우리말 시들 중 한 권의 분량으로 엄선하여 이번에 밝은 빛을 쪼이게 했다. 그녀 시에는 그리움이 있다. 유혹이 있다. 강렬한 색감이 있다. 때로는 이국적인 유머도 톡톡 튄다. 그녀는 주로 일상에서 '레이더망'에 감지된 사물을 여러 각도에서 관찰하고 사진으로 찍은 뒤 그 이미지를 토대로 시를 쓴다. 시에 어울릴 만한 추천 배경음악과 노래도 음악을 즐겨듣는 그녀가 손수 골랐다. 유튜브 채널에 음악가와 곡명을 치면 멜로디와 함께 떠날 수 있는 힐링시 여행에 모두를 초대한다.

목 차

지푸라기	_ 14
모두를 다 행복하게 해줄 수는 없다	_ 15
한 몸 열전	_ 17
채용 심사	_ 19
중성화 수술을 받은 고양이에게	_ 21
눈물꽃	_ 23
신용카드	_ 25
미생	_ 26
고백에 관한 정신분석	_ 28
깨달음	_ 30
자기방어 기제	_ 31
판결	_ 32
살구꽃이 피는 법	_ 33
유레카	_ 34
애무 미션	_ 36
세차장 앞에서 명상하기	_ 38
죽을 각오	_ 40
어떤 순교	_ 41
강아지풀의 처세술	_ 42
청춘에게 고하노니	_ 44

산책길에 음악이나 오디오북을 들으면 안 되는 이유	_ 45
치부	_ 47
친구	_ 49
배부른 시인	_ 51
타이밍	_ 53
트라우마	_ 55
그대 선율은	_ 57
쉼표	_ 59
아빠는 어디에	_ 61
도서관에서	_ 62
야자수에 대한 미시적 접근	_ 63
연극이 끝나고 난 뒤	_ 65
마이 베이비	_ 67
와신상담	_ 68
유용성	_ 70
포위	_ 71
한때는 누군가의 시였을	_ 73
구속	_ 75
프레임	_ 76
필요 없다구	_ 78

자본주의 안의 세 가지 도형	_ 80
조연 배우	_ 81
허가증	_ 83
열녀비	_ 85
충동	_ 86
꿈테크	_ 88
산책길에 필요한 물품 목록	_ 90
월아천(月牙泉)	_ 92
그때 그 무대	_ 94
명함의 의미	_ 96
형벌	_ 97
할미, 당신은	_ 99
로또에 관한 단상	_ 101
門	_ 102
허영	_ 104
맞춤형 종교	_ 105
꽃잔디로 산다는 것은	_ 108
둥굴레차	_ 110
새로운 땅으로	_ 111
작약 여인	_ 113
현미경	_ 115
엇갈린 운명	_ 116
아보카도 운명	_ 118

연금술	_ 120
토마토 샐러드	_ 121
탯줄 끊는 시간	_ 122
그럼에도 불구하고	_ 123
금빛 날들에게… 메리골드에 바침	_ 124
착각하지 마시오	_ 126
시인이여, 대신 써주오	_ 128
분홍 약물	_ 130
나 그대에게 …이고 싶어라	_ 131
포즈	_ 133
제사장도 모르게	_ 135
프리 허그	_ 137
달과 바다와 밤이 만나면	_ 139
기억상실증	_ 140
물물교환	_ 142
군주제의 몰락	_ 144
하물며	_ 146
작은 그림 하나	_ 147
탄생 설화	_ 149
훔쳐보기	_ 151
네 허락도 없이	_ 152
섬에 가는 꿈	_ 153
동맥	_ 155

새벽 술	_ 157
숨소리	_ 159
뿌리 사랑	_ 161
번역 에필로그	_ 163
상징주의	_ 165
부메랑	_ 167
친애하는 볼펜에게	_ 168
치유의 숲	_ 171
베일 앞에서	_ 173
동굴에서	_ 175
침묵, 그 이후	_ 176
새해, 신전 앞에서	_ 178
꿈꾸는 수련	_ 180
어느 마조히스트의 소원	_ 182
新 동동주 별곡	_ 183
모음의 노래	_ 185
국수	_ 187
꺾인 꽃들에게 바치는 진혼詩	_ 189
밤톨	_ 191
나비효과	_ 193
화상	_ 194
가슴 아픈 시절이 다시 찾아왔나 보다	_ 196
봇물	_ 197

가을님 떠나시기 전	_ 199
리본	_ 202
버리시오	_ 203
소원	_ 205
다른 차원	_ 206
그렇게 짖어대지 마라	_ 208
아로니아 영혼	_ 209
어떤 헌신	_ 211
여백 사이로	_ 213
뭣이 중헌디?	_ 215

꿈틀거리며 옹알이하는 시어(詩語)들,
새벽잠을 뒤척이게 하고
어두운 공기 중에서 서로 부딪히다
피로 멍들다 서로 난무하다
이 새벽 책상 앞에 나를 앉히게 하는 너희들의 집요함이란

그래서 시어끼리 잘못 부딪쳐 합선이 되어 정전이 되어도 좋고
그러다 영원한 노스탈지아로 남아도 좋고
이 새벽 시어들과 한 잔 한다
오늘 너희들과 화해한다

시로 그리움
유혹하는 법

지푸라기

그대 알고부터

진한 사랑의 시만 읽고 싶어

각 나라별 대표 연애시만 읽고 싶어

가장 아픈 사연들만 모아놓은 시만

역사 속의 그들은 나보다 더 아팠는지

모두 엿보고 싶어

그리하여 어떻게 생채기가 나아가는지

그 과정이 견딜 만한 것인지

결론은 어떻게 나는 것인지

속속들이 다 알고 싶어

달밤에 가슴 앓다가

죽어간 사람이 있는지도 알아야 해

모두 미리 알아야 해

나 살기 위해서는

** BGM 추천 : Bruno Pelletier <Lune>

모두를 다 행복하게
해줄 수는 없다

어느 시인은 말했다
꽃들에게 인사하려면 "꽃들아, 안녕"이라고
한데 묶어서 인사하지 말고
꽃 하나 하나에게 "꽃아, 안녕"이라고 해야 한다고
허나, 이렇게 꽃이 탑으로 층층 피어 있으면
셀 수도 없이 무리져 있으면 어찌해야 하나
꽃 하나 하나에 다가가 인사하다가 하루가 다 가겠네

집에 돌아올 때쯤이면
분홍빛에 취해 다리가 후들후들하겠네
심장도 온통 분홍색 칠이 되어 있겠네
꽃아 안녕, 꽃아 안녕, 꽃아 안녕, 꽃아 안녕, 무한 반복

그 시인은 알지 못했다
그렇게 하나하나 불러주어도 시샘하는 꽃이 꼭 있다는 것을
자기 이름만 두 번 불러달라고
칭얼거리는 꽃이 있다는 것을
자기만 조금 더 길게 바라봐달라고
졸라대는 꽃이 있다는 것을
작별할 때 아무 말도 못하고 훌쩍이는 꽃이 있다는 것을
나 좀 따서 당신 품에 안아주세요라고
애원하는 꽃이 있다는 것을
스물 남짓 꽃에게 인사하다가
몇 번 눈길 주다가 갑자기 목이 메여 이내 그만 돌아선다
나머지 꽃들의 시선을 뒤로한 채, 모른 척한 채
그 시인이 마냥 야속하다

** BGM 추천 : Astor Piazzolla <Libertango>

한 몸 열전
- 꽃잎 위의 풀벌레 -

처음에는 뭣 모르고 지나쳤지
그러다 은은한 향기 코끝을 스치길래
잠깐 그 촉감 더 느끼고 싶어서
얼떨결에 꽃잎 위에 앉았더랬지
그러다 따스한 졸음이 몰려와 잠시 엎드렸지
황금빛 평온함이 온몸을 휘감을 때
하염없이 뿜어나오는 그대 달콤함에
어느새 취해버렸지
여기 저기 몸을 움직이며
구석구석 여러 각도에서 그대를 느끼려고
꿈이라면 깨지 않으려고 부르르 떨었지
바람에 떨어지지 않으려 안간힘으로 버텼지
그대 품은 포근한 햇살이고
메마르지 않는 샘이었지
그대 숨결을 가까이에서 느끼려
나는 내 전부를 바닥에 쏟아버렸지,
그대로 몸을 온통 눕혀버렸지
그대로 영원 속으로 엎어져 버렸지
달이 떠도 해가 떠도 일어나고 싶지 않았지

그대 향기의 찬란함에 전율하며
그대로 그대와 한 몸이 되고 싶었지
향기에 취해서 그대를 취하고 싶었지

** BGM 추천 : Rhythm Future Quartet <Gypsy swing "Minor swing">

채용 심사

산책길에 너를 몇 번이나 마주쳤지만
딱히 스펙이 눈에 띄지 않아 지나쳤다가
오늘 마음을 다잡아 먹고
패자부활전 심사를 해보기로 했다
모양새나 색깔이 비슷비슷하면
살아남기 어렵다는 걸 알고 있겠지
톡 튀는 매력이 없으면 채용되기 어렵다는 걸
사람도, 꽃도…

그런데, 너 생각보다 향이 좋더라

오랜 세월 홀로 견뎌온 솔숲향이 나더라

그래서 합격이다

사람도, 꽃도

한 번 맡으면 평생 잊혀지지 못하는 향이 나야 하는 법

** BGM 추천 : Artie Shaw <Clarinet concerto>

중성화 수술을 받은 고양이에게

오늘 너를 수술받게 했다
실용적인 이유로 나 편하자고
너와 눈도 한 번 안 마주치고
내 마음대로 너의 현재와 미래를 결정해버렸다
너의 많은 자손들 길을
3만 페소에 내가 싹뚝 막아놓았다

이제 너는 사랑을 알 길이 없다
새끼를 낳을 일이 없다
이 무슨 폭력이고 횡포인가
땅을 치고 후회한다
미안하다
내 생각이 짧았다

태어나서 사랑 한 번 못해보고
이 땅을 떠나야 하는 너에게 속죄한다
그런데, 그것 아니
사랑은 많이 아프단다
죽을 만큼 아프단다
그 고통 피해가는 것도 좋지 않았을까

다 구차한 변명이다

입이 열 개라도 할 말이 없다

녹초가 되어 잠든 너를 쓰다듬는다

다음 세상에서는 실컷 사랑하고

실컷 아파도 보아라

못난 주인을 용서해다오

** BGM 추천 : Chopin <Waltz in A minor, B. 150, Op. Posth>

눈물꽃

하도 작아서 눈물방울인 줄 알았다
몸을 기울여 가까이 보았다
크기 비교를 위해 주머니의 볼펜을 옆에 살짝 놓아두었다
관심을 두니 작은 꽃이 잠시 몸을 떤다
세상에나, 이렇게 작은 꽃도 있었나
식물도감에는 뭐라고 기록되어 있을까
너의 존재를 그 누가 알아줄까
한참을 바라봐 주니 감동해서 바르르 떤다
학명은 '애정결핍꽃'일 것 같다

작별인사 하는데 작은 꽃의 눈이 젖어있다
아가야, 외롭다고 쉽게 정 주지 말라

나는 너의 눈물을 안 본 걸로 하겠다

** BGM 추천 : Sangah noona 연주로 듣는 Carlos Gardel <Por Una Cabeza>

신용카드

일단 즐기고 왕창 쓰고

나중 일은 나중에 걱정하세요

현재 누릴 수 있는 쾌락을

절대 다음으로 미루지 말아요

바보처럼 살지 말아요

카드 긁으세요

그 꼴 난 것 같다

사랑도 그렇게 하다가 망한 것 같다

마음 아꼈어야 했다

계획했어야 했다

처음부터 다 주지 말았어야 했다

카드처럼 마구 긁다가

마음 다 긁혔다

** BGM 추천 : Tarn Softwhip의 드럼 연주로 듣는
Avenged Sevenfold <Nightmare>

미생

이건 내 의지가 아니었소
어찌어찌 끌려와서 여기에 버려졌소
잠깐 이용당하다
그렇게 삶이 한순간에 내팽개쳐져 버렸소
그나마 위안인 것은
나 말고도 끌려온 동료들이 옆에 같이 있어 준다는 점이오
그들도 고개 푹 숙이고
버림받은 이 자리에

허허로운 복부를 다 보인 채 널브러져 있소
존엄성을 잃어 흐느끼고 있소
나는 그들더러 울지 말라는 말도 못하오
내 자신도 목에 울컥하는 덩어리가 있어서
그때 끌려오고 싶지 않았다고 아우성치지 못했소
을의 서러움이오

우리를 끌고 와서 여기에 우리를 내동댕이친 갑은
그나마 양심이 있는 듯하오
뙤약볕이 아니라 약간의 그늘을 찾아 우리를 버려주었소
그러나, 그건 그가 감추고 싶은 치부였으리라 추측하오

오늘도 우리는 공동으로 발가벗은 듯 전시되어져서
사람들이 애써 외면하는 볼짝 사나운 꼴이 되어버렸오
그러다 어느 친절한 공무원의 눈에 띄기를 바랄 뿐
그래서 원래 우리가 있었던 그곳으로 되돌아갈 수 있기를

조금 더 욕심을 낸다면 돌아가는 중간에
기회를 틈타 도망칠 수 있기를,
훨훨 나는 새로 다시 태어날 수 있기를

** BGM 추천 : Emma Shapplin <Spente le stelle>

고백에 관한 정신분석

몇 번이고 겹겹이 혀를 접고 혀를 말고
우아하게 고백할 말을 발음하고 연습하다가
다시 움츠려들다가
푸릇푸릇 한숨 한 번 쉬다가, 심호흡하다가
다시 원점으로 도르르 잎을 말아서
뛰는 가슴 진정시킨다
끙끙 앓다가 노랗게 익어만 간다

(고백 후)
망했다, 망했어
실전에는 대본대로 안 되었어
속 다 보이고 만신창이가 되었다
신비감은 딴 나라 이야기

뭇 중생들이여,
맨정신으로는 고백하지 마시라
달에 취하든,
별에 취하든,
술에 취하든,
이슬에 취하든
온몸과 마음이 취했을 때 하라
그래야 고백이 실패하면
취기 탓이라 몽땅 뒤집어씌울 수 있으리니
망했다, 망했어

** BGM 추천 : El Chicano <Sabor a mi>

깨달음

인간은 배신하고, 집착하고,
거짓을 말하고, 약속을 깨고, 변덕 부리고, 참을성 없고,
탐욕스럽고, 어리석고, 사람을 외롭게 하지만,

시는 배신하지도,
집착하지도, 거짓을 말하지도, 약속을 깨지도,
변덕 부리지도, 참을성이 없지도,
탐욕스럽지도, 어리석지도,
사람을 외롭게 하지도 않는다

그러나 시 같은 사람 찾기 힘들다
시인도 시 같지 않다

자기방어 기제

딱 거기까지만 다가와 손 더 뻗지 마
몸통은 만지지 마 테두리만 살짝 만져
하염없이 바라만 봐 이미 충분히 아름답잖아
사회적 거리두기 룰을 기억해
그게 서로가 바스러지지 않는 법이야

판결

상대방의 허락도 없이 맘대로 사랑을 한 사람들은
모두 감옥 안으로 들어가시오
그중 상대가 눈치를 챘는데도
계속 사랑한 사람들은 나오시오
1년간 집행유예가 구형되었소
다시는 그런 일 없길 바라오

아직 안에 남아있는 그대들에게는 종신형이 구형되었소
상대가 눈치 못 채게 몇 해를 가슴앓이 하고 있는 죄
다음 생에서는 그런 일 없길 바라오
감옥 안이 감옥 밖보다 마음이 더 편안할 것이오
판사의 이 깊은 뜻을 부디 알아주시오

** BGM 추천 : Kate Shindle <Please don't make me love you>

살구꽃이 피는 법

눈송이가 흩날리는 겨울 끝자락,
아니, 봄 첫자락에서
차마 못 참고 앞당겨 피어버린 꽃,
가슴에 혼자 더는 못 간직해서
몸부림치다 허공에 훌훌 토해버린 꽃,
하이얀 그리움으로 밤새 흩뿌리는 꽃,
뿌리까지 날아다니는 꽃,
이제 좀 와달라고 이제 좀 봐달라고 애원하는 꽃
하얀 살, 살구꽃
살이 에이게 울부짖는 꽃,
눈송이는 대지를 어지럽게 하고
사계절 순서를 헷갈리게 하고
우주를 취하게 하고
뜨거운 하이얀 살은
한바탕 곡을 한다
살구 싶다고…
이젠 너랑 살구 싶다고
내 살, 네 살, 살구살구, 싶은 꽃

** BGM 추천 : 고은성 <L'Envie D'aimer(사랑하고 싶은 마음)>

유레카

오래전에 써놓은 시를 고쳐 써본다
단어 선택이 촌스러워서
마음 필터 거르지 못해서
은유가 부족해서
감동이 떨어져서
독자의 시각에서 다시 써본다

나는 없다
독자의 매서운 눈만 있다
시가 난도질당한다
그 시절 풋풋함도 생동감도 더는 없다
이제 시에 기교만 살아있다
시에 무난한 평가의 유혹만이 도사린다
시선이 두려워
비웃음이 두려워
끝내 시가 비틀거린다
시가 시들어간다
시름시름 앓는 소리를 한다

되감기를 한다

내 인생을 돌려놓는다

그 시절,

감동이 아니었어도

서투른 토해냄이었어도

자신감으로 소신으로 닿았던 그 지점으로

독자가 없었던 시간으로 다시

그리하여 사람은 고쳐 쓰는 것이 아니다

시도 고쳐 쓰는 것이 아니다

** BGM 추천 : New York, New York(Instrumental Version)

애무 미션

시대를 잘못 타고난 운명인가
지금은 봄이요 가을이 아니오
당신이 나타날 때가 아니오
당신이 이렇게 붉게 물들어갈 때가 아니오

정신 차리시오
몸 추스리시오
뭐가 그리 급해 벌써 가을이 되어버렸나

가을 되면 오기로 약속한 님 행여 안 오실까
불면으로 밀려드는 그리움에
온몸에 홍역이 일었나
허나, 가을이 온다 해도 그는 안 올지도 모르오
더욱 몸 불타오를 준비하고 계시오
젊은 처자가 안쓰러워
한참을 쓰다듬어주다
나도 갈 길이 바빠 이만 돌아서오
당신 같은 처자들이 도처에 숨어 있어서
모두 찾아낸 뒤 애무해주려면
하루 해가 다 갈 것 같소

** BGM 추천 : 누모리 <빈자리>

세차장 앞에서 명상하기

급속 세차해드립니다
차 안팎으로 깨끗하게
먼지 한 톨 없이 닦아드립니다

진흙탕 길을 지나오셨나요?
문제 없습니다
한방에 다 해결해드립니다

세차 후 더 반짝반짝이게 하고 싶나요?
유럽산 광택제 끝내줍니다
더러울수록 환영합니다
1시간이면 충분합니다
당신의 이미지를 당장 변화시켜 보세요
2주일 안에 오시면 25% 할인해드립니다

정기적으로 더러움을 없애고 싶을 때
회원제로 가입하세요
더 많은 혜택을 누릴 수 있습니다

우리네 삶도

1시간 만에 때 빼고 광낼 수 있다면
2주일에 한 번씩 더러움을 리셋할 수 있다면

** BGM 추천 : Roberto Bravo <El verano porteño>

죽을 각오

담장을 넘으려면 전기가 흐르는 전선에

감전으로 쓰러질 각오를 해야 해

내 마음을 훔치는 건 때로는 죽을 각오가 필요해

그러니 잘 들어 그게 아니라면

처음부터 올려다보지도 마

담장 밖도 죽음, 담장 안도 죽음일 수 있어

내가 누군 줄 알고?

** BGM 추천 : f(x) 에프엑스 <Electric Shock>

어떤 순교

인간의 의지대로 되지 않는 일들이 있다
공동시집을 내기 전에 있었던 실랑이 장면

내가 쓴 '니르바나'라는 시어를
끝까지 '천국'으로 바꾸라고
하루종일 그 완고하신 목사님께서
나를 설득하고 종용했다
나는 '니르바나'로 밀고 나가자고 했다
그가 '천국'이라고 계속 더 밀고 갔다
나는 '니르바나'라고 다시 우겼다
그가 '천국'이라고 더 마구 우겼다
지옥에 있는 것 같았다
코디네이터는 딕테이터의 또 다른 이름

결국, 책에 '천국'이라고 실렸다
내 마음은 니르바나에 가 있다
나는 21세기의 순교자

** BGM 추천 : Jazz Manouche <Tchavolo Swing>

강아지풀의 처세술

보리 같기도 하고
갈대 같기도 하고
적당히 눈에 띄고
적당히 어울리고
적당히 부드럽고
적당히 흔들리고
적당히 일어서고
적당히 구부리고

적당히 향이 있는 듯 없는 듯
적당히 떨어진 거리에서
적당히 어울리고
적당히 모여 살고
적당히 꼬리 흔들고
적당히 미소 짓고
그렇게 처세술을 배웠다

** BGM 추천 : Philip Glass <Metamorphosis Two>

청춘에게 고하노니

청춘이여, 그렇게 차가운 금속처럼
직선적으로만 살지 말고
말랑말랑 초록빛 무침도 곁들이고
가슴속에 비집고 들어오겠다는 사람 말리지 말고
다 품고 이해하고 사랑하며
가슴에 푸릇푸릇 씨 뿌려 시 돋아나게 하고
시 무성하게 하고 시 흐드러지게 피어나게 하고
시 거두게 하라
곡선으로 타원형으로 포물선으로
그렇게 한 번 살아보시라

** BGM 추천 : Chick Corea <Overjoyed>

산책길에 음악이나 오디오북을 들으면 안 되는 이유

이어폰 소리에 집중하다 보면
고요한 아침 새들이 인사하는 소리를 못 듣는다
서로의 존재를 확인하는 소리를
나에게도 잘 잤냐고 인사하는 소리를
그들이 용기내어 꽃에게도 고백하는 소리를
멜로디가 슬프면 지나가는 경치도 슬프다
가사가 즐거움이면 길가의 돌멩이도 즐거움이다
즉, 내 의지와 관계없이 내 감성의 흐름과 관계없이
음악 색감대로 마음이 해석되어진다
그럼 나는 어디에?
나를 찾아보려고 나선 산책길에
다른 사람의 목소리에 또 흘러가야 하나
그들의 음색이 아무리 달콤해도
유혹을 물리쳐야 한다

결론은 산책길에서는 이어폰에서 나오는 소리를 듣지 말라
마음이 흘러가는 소리를 들으라
새소리를 들으라

꽃잎들이 햇살에 요가하는 소리를 들으라
그 은밀한 환희를 들으라

** BGM 추천 : Beegie Adair Trio <Sentimental Journey>

치부

그동안 제대로 다 감춘 줄 알았건만
한 귀퉁이를 숨기는 걸 그만 놓쳐버렸지
절대 세상에 드러나서는 안 되는 악취,
사라져버린 모서리 퍼즐을 찾아서 얼른 가려야 해
그것만이 위엄과 존엄을 위한 길

어떻게 이루어온 성공인데,
어떻게 쌓아온 이미지인데

겨우 한 조각으로 이제 와서 쓰러질 수는 없어
내 치부를 좀 찾아주십시오
아니, 그러니깐 제 말은,
내 치부를 좀 감춰주십시오
치부 한 조각 퍼즐을 찾습니다
제대로 찾아서
제대로 감추려

** BGM 추천 : Sangah noona <Hello, Dolly>

친구

너 너무 많이 마신 것 같아
세상 고민 다 짊어진 것처럼 많이도 마시더구나
친구야,
술로 잊혀질 고민이라면
세상에 고민이 없겠다

자, 이제 내 등에 엎혀라
집에까지 데려다줄게

그래도 내 어깨에 토하지는 마라

취했어도 품위는 유지해라

친구야,

벌써 잠들었냐

짜식, 사랑이 밥 먹여주냐

** BGM 추천 : Carole King <You've got a friend>

배부른 시인

하루가 지나면 어김없이 닭이 알을 낳듯이
하루에 한 편씩 한 달간 詩를 써보려고 합니다
시 노동자처럼 살아보려 합니다
한 달 후에 詩를 등에 메고 팔러 나가고 싶습니다
산으로 들로 바다로 저작거리로
맨얼굴로 사람들과 마주치고 싶습니다
걸인처럼 구걸하다 한 장도 못 팔아서
한 번 며칠이고 배고파 보고 싶습니다

나는 배고프지 않은 시인입니다
지금도 배가 불러 시를 쓰고 있습니다
잉여의 시대를 살고 있습니다
허영도 남아돌고, 명예욕도 남아돌고, 허세도 남아돕니다
결핍의 시대를 살고 있습니다
내공도 없고, 통찰력도 부족하고,
은유도 결핍되어 있습니다
하여,
캄캄한 지하광산 속에서 한 달 동안 빛 한 줄기 쬐지 못한 채
시만 붙들면서 살아갈 희망을 찾는 시인이고 싶습니다
이름 모를 섬에 난파되는 순간에 부딪힌다 해도

모래사장 위에 피투성이가 되더라도
내 몸만 한 크기로 시라고 써놓고 떠나고 싶습니다

너무 쉽게 쓰는 시를 통탄합니다
고요함 없는 시를 꾸짖습니다
詩란 한자어로 사찰(寺)에서 들리는 언어(言),
엄숙한 그 어떤 것이라 들었습니다
그러나 나의 詩는 너무 가벼워 참을 수 없습니다
닭이 병아리를 잉태하기 위해
겨울 내내 품는 그런 절실함이, 엄숙함이 없습니다
집 나간 자식을 기다리는 어미의 심정,
그런 뼈저림이 없습니다
나 그렇게 한 번 시만 부여잡고 죽어갔으면 합니다
그렇게 한 번 살아갔으면 합니다
그러기엔 너무도 궁핍한 잉여를 살고 있습니다
과하게 사치스러운 결핍을 살고 있습니다

** BGM 추천 : Eagles <Desperado>

타이밍

이제 와서 물을 준들 살아날 수 있을까

이제 와서 손길 준들 다시 생기 되찾을 수 있을까

그렇게 한 번 물 달라고 애원했을 때

거들떠도 안 보더니

이제서야 나타나서 물 뿌린다고

수선 피우는

당신은 유죄

눈길도 타이밍

손길도 타이밍

사랑도 타이밍

후회도 타이밍

지금은 당신이

땅을 치고 후회할 타이밍

** BGM 추천 : 이적 <물>

트라우마

선인장은 은밀하게 숨어서 괴롭히는 가시란다
그런데 네 것은 대놓고 찔러댈 태세로구나
접근만 했다 하면 창으로 칼로
아무도 엄두도 못 낼 기세구나
무엇이 네게 그런 트라우마를 안겨주었나

누구의 사랑도 더 받아들이지 않기로 결심한 너
너의 뾰족함, 깊은 상처가 보기만 해도 아찔해서

어루만져 줄 엄두가 안 난다
슬쩍 몸을 돌린다
웬만하면 우리는 이 生에서는
더 마주치지 말자

** BGM 추천곡 : 이하이 <로즈>

그대 선율은

가을색으로 갈아입는 나뭇잎의 은밀한 떨림
잎맥마다 번지는 애절한 그리움
때로는 이루지 못한 사랑에 절규하고
때로는 사랑을 찾아 헤매이고
또 때로는 사랑을 잊고자 흐느끼고
그대 선율로 포도주를 빚어
아련한 추억과 함께 마십니다
숲도 호수도 온통 보랏빛으로 취해만 갑니다

그대 선율은
황야에서 들어야 할 것 같고
그곳에는 비가 내려야 할 것 같고
마침 밤이어야 할 것 같고
무엇보다도 홀로여야 할 것 같은…
그래서 그리움의 무게
더더욱 주체를 못해서
그대 선율만을 붙잡은 채
하염없이 울어버려야만 할 것 같은…

그대,

이토록 가슴 아린 사연을

밤새 손끝으로 뜯어내는 이유는 무엇입니까

그러나 그대는 이미 그대가 아닙니다

영영 해금 선율이 되어버렸습니다

** 해금 연주자 안수련님께 바칩니다.
** BGM 추천 : 안수련 <흔들의자>

쉼표

물음표로 가득했던 하루
느낌표를 찾다가 지쳐버린 하루
말줄임표로 풀이 꺾여버린 하루
그들이 무심코 던진 따옴표 안의 말들이
가슴 한끝에 아픔이 되어 돌아오는 하루
그런 힘겨움의 하루 끝자락에서
세속의 상념에 쉼표 하나 찍어보라는
당신의 깊은 배려

그렇게 물음표도 느낌표도 말줄임표도 따옴표도

그런 모든 부호의 소란스러움이

이젠 모두 쉼표 안에 머무를 수 있도록

잠시 평온 속에 쉬어갈 수 있도록

** BGM 추천 : Ennio Morricone <Cinema Paradiso>

아빠는 어디에

엄마와 아이 둘, 두 팔 가득 벌려 며칠이고
그 자리에서 아빠를 기다린다
아빠는 어디로 갔을까? 오늘도 돌아오지 않는다
엄마의 몸통은 시름시름 앓는다
모든 신경은 사방으로 쭈뼛쭈뼛 날카로와만 간다
몇 년째 아빠는 돌아올 낌새가 없다 그놈의 사랑이 뭐길래

** BGM 추천 : Stromae <Papaoutai>

도서관에서

하루에도 몇 번이고 작가 이름 뒤에 붙은 괄호 안
네 자리 숫자를, 아니 여덟 자리 숫자를 본다
앞 네 자리와 뒷 네 자리 사이에는
늘 물결표시나 가운뎃줄로 연결되어 있다
그가 태어나서 죽었다
우리는 아무 감흥도 두려움도 없이
그저 인용문을 훔치다가
그들이 남긴 여덟 개 숫자를 공책에 옮긴다
그렇다면, 나는 언젠가 시간이 흘러
몇 줄로 살아남아 인터넷 황천길을 떠돌아다닐 것인가
사라진 사람들, 여덟 숫자로 남은 이들, 못 남은 이들
언젠가 다섯 자리 숫자로 생명이 시작하는 때가 오면
(그 전에 예수님은 오셨을까?)
또는 여섯 자리 숫자로 생명이 시작하는 때가 오면,
이 세상은 어떻게 변해 있을까
책꽂이에 꽂힌 이 수많은 천재들은
숫자 여덟 개만 남기고 모두 어디로 사라져버렸을까

** BGM 추천 : Celtic woman <Wild Mountain Thyme>

야자수에 대한 미시적 접근

멀리서 보았을 때는 몰랐다

범접할 수 없는 계급인 줄로만 알았다

우러러보아야만 하는

그런 존재인 줄로만 알았다

그 웅대한 기품이 늘 기 눌리게 했다

문득 오늘 용기내어

한 발 조금 가까이 다가서니

그대 지난날의 트라우마가 보인다

시들지 않으려고 몸부림쳤던

그 위치 지키기 위해
남모르게 사투했던 폭풍우의 흔적이 보인다
알알이 익어가는 꿈의 열매들
한 톨도 버리지 않고
온몸에 다 휘어감고
세월 속에 지탱하며 숨 고르는 정기(精氣)

가까이 가보니 이제야 알겠다
그대의 고독과
그대의 애잔함과
그대의 쓰라림을
그대 그 뿌리를,
하늘에 미처 다 뿌리지 못했던 그 사연을…

** BGM 추천 : James Taylor Quartet <Summer fantasy>

연극이 끝나고 난 뒤

내 딴에는 자신 있게 감추었다고 자신했건만
밖에서 보니 허술했었나 보오
한 겹 한 겹이 깃털 같은 방패막이였을 뿐임을
조금 시간이 지나 보니 이제서야 알겠소
한 번 입김으로 불어버리면 그대로
바스러져 날아가 버리는 존재감이었다는 사실을
나만 모르고 남들은 다 알고 있었나 보오
호두알 같은 단단한 본질이 가려진 게 아니고

속살이 훤히 비쳤던 것이오

사람들이 속아준 척한 것이었소

이미 연약한 것 들킨 줄도 모르고

강한 척하고 살아온 세월

밖에서 나를 바라보니 이제야 깨달았소

안개가 걷히오

이를 어이하오

지난 세월 연기해온 시절 아까워서 어이하오

** BGM 추천 : 루시드폴 <보이나요?>

마이 베이비

너로 인해 인체의 각 부분 명칭을
모국어로 외국어로 천천히 다시 발음하는 법을 배운다
신성한 혀의 움직임
사람의 몸이 이렇게 많은 언어 약속으로 짜여져 있다는 걸
이 순간은 차라리 엄숙한 종교의식
눈, 눈동자, 눈빛, 눈망울, 눈물…
그러나 어느 순간 인간의 언어는
침묵이란 절대자 앞에서 숙연해질 뿐
널 바라보는 시간은 영원한 말줄임표
언어는 아름답다
그러나 너는 더 아름답다

니르바나로 이르는 길
너는 꿈결에 취하고
나는 네 숨결에 취하고

** BGM 추천 : Jason Mraz <93 Million Miles>

와신상담

가시란 가시는 다 갖고 나왔지
뾰족한 것은 모조리 다 챙겨서 나왔지
누군가 다가오면 콱 찔러버리려구
너희들 손에 깊숙이 박혀서
빼도 박도 못하게 하려구
시름시름 앓아보라구
그렇게 밤새 심통 부리고 싶었지

너희가 나를 아프게 한 만큼
나도 너희를 아프게 하고 싶었지
그러다 내 가시에 내가 찔려
눈물이 났지

눈가가 보랏빛으로 멍이 들었지
이젠 날 아프게 한 너희들 다 찔러줄 테야
내 눈에 피멍 들어도
누구든 먼저 지나가기만 해봐

** BGM 추천 : (G)I-DLE) <한>

유용성

벤치가 비에 젖어있다
벤치로서 쓸모가 없다
모든 사물에는 그 쓸모가 있어야 한다
잔디는 잔디로서,
돌은 돌로서,
벤치는 벤치로서

앉지 못하게 하는 벤치는 벤치가 아니다
다른 이가 한 번도 쉬어가지 못한 가슴은
가슴이 아니다

포위

그대 주변을 맴도는 초록빛 갈망,
그대가 홀로 서 있는 시간
외롭지 않도록 지켜주고 싶은 가녀린 소망,
비 내리는 적막한 밤도
햇살 황홀한 봄날도
한겨울 쓸쓸한 냉기 속에서도
그대 뿌리가 닿는 곳마다
푸릇한 온기로 박제가 되어가는 사연

포위하고 싶어라

감싸고 싶어라

존재하고 싶어라

그대 밑동에서

그대 몸통에서

그대 껍질에서

그대 가슴에서

그대 뿌리에서

영원하고도 하루가 되는 시간까지

** BGM 추천 : Eleni Karaindrou <Eternity and a day>

한때는 누군가의 시였을

한때는 누군가의 삶의 한 부분이었고
그 누군가에게 어떤 방식으로는
자양분을 제공했고
기쁨도 슬픔도 같이 나누었겠지
찬바람도 같이 이겨냈던 시절이 있었겠지

그러다 세월이 흘러 볼품없다는 이유로
또는 주변 분위기와 안 맞다는 이유로
사정없이 내리쳐진 가위와 톱날에
준비되지 않은 비명을 쏟아내며

한순간에 내동댕이쳐진 운명

한 번도 닿을 것 같지 않았던
땅에 이제는 원 없이 누워서
소각장에 데려다줄 트럭만 기다린다

육신은 더 쓸모가 없어져
쓸쓸한 바람이
팔다리를 시리게 할 때
한때는 누군가의 시였을
그 시절을 그리워하다가
연기처럼 사라지겠지

** BGM 추천 : HAUSER <Adagio(Albinoni)>

구속

밤을 여는 빗방울 소리
와인색이 되어 번져갈 때
그대가 마시는 포도주잔에 녹아들어
온전히 들이킴 당해
그대 안으로 들어가고파

따뜻한 심장 속,
그 깊은 숨결 속,
한 방울의 피로 잠들고 싶어
그대 핏속에 흐르게 해줘
좌심방, 우심방
밤새 돌아다니게 해줘
그대 심장 안에 꼭 가두어줘

** BGM 추천 : Marc Lavoine <Toi mon amour>

프레임

자유롭게 푸르게 푸르게 뻗어가고 싶었지
정해진 틀을 벗어나
규범이라는 유니폼을 벗어 던지고
그럼에도 가끔은 살짝 불안하기도 했지
그래도 틀 안에 있는 것이 안전하지 않을까
너무 튀는 것 아닐까

그리하여 내린 결론은

프레임 한 귀퉁이만 깨보자

일단 4분의 1만 타협하고

필요할 때는 적당히 유니폼을 입고

틈이 날 때마다 틀을 벗어나고

영민한 처세술 그 틈 사이로

조금씩 기지개를 켜는 자유라는 유혹

푸릇푸릇 자리 넓혀간다

프레임으로부터의 온전한 프리덤

오늘도 꿈꾸며

** BGM 추천 : Ember Trio가 연주하는 Ed Sheeran <Shape of you>

필요 없다구

너 따위는 이제 필요 없어
지칠 대로 지쳤다구
말 못하게 더 막지 마
숨 못 쉬게 더 막지 마
꺼져 버리라구
참을 만큼 참았다구
뭘 어떻게 더 어떻게 더 하라구
집어치워

나 이젠 너 없이 살고 싶어
제발 너 없이 살게 내버려 둬
내 곁을 더 맴돌지 말고

다시는 지상에 떠다니며
내 눈앞에 더 나타나지 마라
마스크, 너 내 말 알겠느냐?

** BGM 추천 : G.NA <꺼져 줄게 잘 살아>

자본주의 안의 세 가지 도형

시간의 원을 완성했다는 포상으로
네모난 졸업장을 받는다
이제 세모난 피라미드의
맨 윗자리를 차지하기 위해
원을 증명하는
네모를 들고
세모 안으로 들어가기 위해 몸부림친다
그 안에서 또 새로운 원을 완성하면서
세모난 피라미드 맨 밑에서 벗어나기 위해
네모난 지폐를 매달 받다가
지친 날은, 꿈꾸고 싶은 날은
원으로 둘러싸인 로또 번호를 바라보며 위안 삼는다
그렇게 자본주의 삶에는
도형 세 개가 계속 따라다닌다
원 - 네모 - 세모 - 원 - 네모 - 세모

** BGM 추천 : 강산에 <돈>

조연 배우

자칫 하양으로 단조로울 뻔한 영토에서
톡 치고 나와 드러낸 분홍빛 선언,
그럼에도 하얀 본질보다 튀지 않으면서도
살짝 뒤로 빼며 모두를 받쳐주는 배려
한순간도 하얀 꽃잎보다 크지 않으면서도
그윽한 향을 풍기며,

그렇게 존재하되 존재하지 않는
그런 덤덤하고도 고귀한 자태로
하얀 영토 사이사이로
자신의 멜로디를 은은히,
묵묵히 뿜어내는 그대는

지혜롭고 우아한 자태,

이름 몰라도 빛이 나는 꽃,
영원히 찬란할 봄날의 조연

** BGM 추천 : Chloe Stafler <Tout doucement>

허가증

내 마음 영토에 들어올 수 있다는 허가증을 보여주세요
삐- 소리 후에 통과가 되어야 내 마음에 들어올 수 있어요
허가증 심사 시간이 오래 걸릴 수도 있습니다
대기선 밖에서 기다려주시기 바랍니다

국경선을 넘는 데에는
합법적인 인내심 절차를 밟아야 합니다
요새는 허위 조작된 허가증이 난무해서

심사 절차가 까다로운 점

미리 양해 부탁드립니다

1년이 걸릴 수도 있습니다

내 마음의 영토에 들어오려면

다음과 같은 조건을 충족시켜야 합니다

제1조, 거짓말 안 하기

제2조, 달콤한 시를 매일 바치기

제3조, 돈과 시간과 에너지를 듬뿍 쓰기

제4조, 지금보다 더 나은 사람이 되려고 최선을 다하기

이 점 양지하시어

아직 준비가 되지 않으셨다면 차를 뒤로 빼주세요

다른 대기하는 분들에게 쿨하게 양보해주세요

이상 안내방송을 마칩니다

** BGM 추천 : Smokie <What can I do>

열녀비

그 여인 죽거들랑 무덤 앞에 열녀비 하나만 세워주오
어디론가 홀연히 머얼리 떠나가신 님 기다리다 지쳐
툇마루 끝에서 그대로 바위로 굳어가는 그 사연을
함축하기 어렵다면
차라리 비문에 주루루 그대로 새겨주오

어디 뫼쯤 넘어오시려나
어디 골짜기쯤 오시려나
그 여인 시나브로
땅에 스며들고 있는 동안
비문을 이미 시작하시오
천 년이 걸릴지 모르오

** BGM 추천 : 송경배 대금 연주 <천년학>

충동

예쁜 꽃아, 하루만 기다려줄래?
너에게 바치는 시상이 오늘은 더 떠오르지 않아
네가 오늘 시 순서에서 맨 마지막이라 밀렸어
산책길에 맨 마지막 나타난 너니까 이해하렴
시인도 시 마음을 좀 쉬어야 해
가끔은 시가 없어도 시가 되는 그런 시간이 필요하거든
내일 다시 널 찾아올게
그때까지만 기다려줘

단지 오늘은 이 말만 하고 싶어
네 꽃술에 키스하고 싶어
그럼 내 입술이 하루종일 분홍빛으로 행복할 거야
시들지 말고 잘 있어 내일 키스하자

(다음날)
깜빡 잊고 산책길을 다른 곳으로 잡아서
오늘 너를 못 만났지 뭐야
그런데 다른 길에서 너랑 똑같이 생긴 꽃이 있어서
충동적으로 그만 기습키스를 해버렸어
그렇다면 내가 너에게 키스를 한 것이냐 만 것이냐
미안하다 두 분홍꽃들아
오늘의 꽃에게 미안,
아무런 예고도 없이 키스해버려서
어제의 꽃에게 미안,
너를 바람맞히고 바람피워서
이제부터는 책임지지 못할 말과 행동은 하지 않을게
근데 말이야, 시인은 좀 충동적인 것 참고하렴

** BGM 추천 : Ben Creighton Griffiths <Fly me to the moon>

꿈테크

햇살 닮은 꿈이 속살로 영글어가고
한 알마다 숨겨온 꿈의 사연이 발효되어 간다
미세한 꿈 분말이라도 차마 다 못 버리고
다 뭉쳐서 동그란 꿈으로 재테크한다
중력을 거스르며 꿈, 펼쳐라 하늘 향해
하나 이루면 또 황금 알갱이를 만들어라

우주를 날아 재테크하라
너의 꿈을, 너의 피를

** BGM 추천 : Smooth Latin Jazz <Lambada>

산책길에 필요한 물품 목록

산책길에 갖고 나와야 할 것은
몇 걸음을 찍고 있는지 말해주는
충분히 충전된 휴대폰
(무엇인가 계속 생산하고 있다는 자본주의의 소산물)
가끔 충동적으로 꽃집이나 빵집에
들를 때 필요한 비상금 지폐 몇 장
(현금은 언제라도 힘을 준다)
그리고 혹시 모를 사고가 생길 수 있으니
신원 파악을 쉽게 도와줄 수 있는 친절한 신분증
(이 부분은 무거운 주제를 가볍게 대하는 재치가 필요)
갑자기 시상이 떠오르는 사태를 위한
종이 한 장과 작은 볼펜
(시는 아날로그 감성 모드로)
콧물이 나올 수 있으니 구겨 넣은 티슈 몇 조각
(우아함은 필수)
산책할 때는 주머니에 손을 넣지 말고
팔도 열심히 흔들라고 했으니
가끔 찬 바람 막아줄 장갑도 챙기고
(어느 날 용감한 척 장갑 안 꼈다가 손이 급노화)

가만 보니 이것도 짐이겠네

이 세상 떠날 때쯤이면

(긴긴 산책길 떠날 때쯤이면)

** BGM 추천 : Céline Dion <Ne partez pas sans moi>

월아천(月牙泉)

3천 년이 넘는 시간 동안 마르지 않는 오아시스
어느 아득한 그 시절,
이생에서 사랑을 이루지 못한 연인의 영혼이
수년을 흘러내린 눈물과 가슴의 피멍이
끝내 불의 사랑으로 승화된 성지러니

세월이 흘러도 사랑은 어떤 방법으로든 흔적을 남기고
사랑의 의미를 아는 사람들은
성지에 눈물을 감추고 눈물을 뿌리고
3천 년 전 그들의 사랑은
어느새 누군가의 심장 한가운데에
핏빛 오아시스를 만들고,

이렇든 사랑은
영겁의 세월을 거쳐
불멸로 다시 태어나
사막 한가운데 극락을 만드는 힘

아, 사랑이여
처절하게 아름다운 이름이여

부를수록 슬퍼지는 이름이여

영원 세세 마르지 않는 정념(情念)의 물로 남으라

** 월아천 : 중국 명사산 안에 있는 초생달 모양의 작은 오아시스로 천 년 넘게
   한 번도 마른 적이 없는 샘
** BGM 추천 : Bebo & Cigala <Lágrimas negras>

그때 그 무대

더 이상 초대되지 않는 그 가수는
무대의 향수를 잊지 못해
오늘도 길을 가다 조금만 높은 단이 나타나면
그 위에 얼른 올라서 노래를 부른다
옥타브가 제풀에 꺾여 스르르 반음을 내리고

소리가 잘 나지 않는 것이
어젯밤 과음 탓이라고 위안 삼고

지그시 눈을 감고 관객을 상상한다

그들의 환호성을,
무대의 찬란한 조명을,
반짝반짝 트로피를,
휘황찬란 카메라 플래시를,

그 시절의 영광을,
대체 불가능했던 고음, 열정, 광기의 계절을
목에 피가 나도록 갈구한다

** BGM 추천 : Marie-Anne Izmajlov <Those were the days>

명함의 의미

아무리 기억의 회로를 이어보아도
이름을 봐도 직책을 봐도
누가 누군지 기억이 안 나는 대부분의 사람들,
명함을 교환하던 그 당시에
흘렸을 '정치적인 올바름'의 미소 한 자락
이제 과감히 다 버리기로 한다
재활용 박스에 담지만
그들의 존재는 내 삶에서 부디 재활용되지 않았으면…
내 명함도 누군가의 재활용 박스에 버려지겠지
이렇게 버려지는 이별은 하나도 슬프지가 않다
빛바랜 미소를 서로 억지로 보관하는 것은
이제 의미가 없다
정말 삶에서 의미 있는 사람과는
명함이 필요 없다

** BGM 추천 : 수지 <나를 잊지 말아요>

형벌

그렇게 어정쩡하게
빼도 박도 못하게
겨우겨우 살아남아
철문 사이에서 버티고 있는 너
세상 고통 다 참아내는 너
처음부터 이렇게 살고 싶지는 않았겠지

옆에 있는 나무들처럼

제대로 화려하게 그렇게 살고 싶었겠지
어느 신화에 나오는 神이 저주를 해서
네 몸을 그렇게 꼬이게 했을까
전생에 무엇을 그리 잘못하여
이런 형벌을 받고 있나

알겠다
너 가만 보니 다가온 사랑을 못 본 채 외면했구나
아니, 울부짖으며 매달린 사람을 단칼로 내쳤구나
아니, 사람 마음 가지고 제대로 장난을 쳤구나

그렇다면 이 형벌, 달게 받아라
몸통의 껍질이 바람에 스쳐 가루가 되는 세월 동안

** BGM 추천곡 : 박정현 <하비샴의 왈츠>

할미, 당신은

여전히 샛노란 정열 가슴에 꼬옥 품고
그간 쌓아온 인고의 세월에 월계관을 수여받고
봄날의 사랑은 여전히 안개빛 신비에 싸인 채
할미는 겸손의 미덕을 알아 자세를 낮추고
할 말 많아도 다 발음하지 않고
입을 오므리고
줄기로 뿌리로 내려보내는 기술을 배웠다
때로는 삭히고 때로는 날려버리고
때로는 갈대숲에 묻어버리고
척박한 땅에서 찬란함을 발산하면서도
다른 이의 눈이 너무 부시지 않게 하는 절제를 알며

남과 큰 마찰 없이 살아가는 지혜를 알고
무엇보다도 화장기 없이도
스스로 뿜어내는 색으로 기품을 알리며

할미꽃, 할미, 당신은
항산화의 땅에서 오늘도 피어나고 있다

** BGM 추천 : Carte Blanche Jazz Band <La vie en rose>

로또에 관한 단상

로또를 가끔씩 샀던 이유

전 세계를 여행하면서 시만 쓰고 사는 사치를 누리기 위해서

그러나, 이제 로또를 더 이상 안 사는 이유

시가 나오기에 충분한

와인 한 잔 값만 있으면 되기에

와인이 없어도

햇살 타고 내려오는 시를

달빛 타고 번져오는 시를

지금 여기에서도 충분히 잡을 수 있기에

무엇보다도,

내가 나로 태어난 것이

이미 로또 당첨이라는 것을 깨달았기에

아, 취한다

** BGM 추천 : 조수미 <Annen Polka>

門

여린 가슴 그 누구에게도 들키고 싶지 않아

다섯 각도로 온몸을 칭칭 동여매고 감싸온 세월,

그러나, 진실의 무게를 차마 더 못 견디고

스르르 열리는 다섯 개의 門

수줍은 보랏빛 고백이어라

달빛에 남모르게 흘려온 눈물

그리움으로 북받친 恨의 멜로디

발음하지 못한 진실이 石化되어

시나브로 피어나는 꿈의 향기

어느 달밤

가슴 뜯는 가야금 선율에

애벌레는 그만 나비로 날아올라
심장의 떨리움이 애잔한 동맥선으로 드러나

힘겹게 호흡하는 너의 가녀림,
못 본 척하고 싶었지만
보랏빛 멍울져 가는 그리움을 숨기기엔
이제 너무 늦어버렸지

<u>스르르 열린 門</u>,
도라지 연정(戀情)

** BGM 추천 : IL DIVO <Passerà>

허영

늘 튀고 싶었지

뭇 다른 존재들과는 성분이 다르고 싶었지

돋보이고 선택되고 싶었지

난 너네와 달라… 라고 외치고 싶었지

내 계급은 다르다고 뽐내고 싶었지

제일 먼저 인정받고 싶었지

제일 멀리 보는 시야를 가졌다고 강조하고 싶었지

하늘하늘거리는 몸이 더 강하다고 역설했지

속은 꽉 찼다고 말하고 다녔지

그러다 비바람 몰아치니

제일 먼저 쓰러졌지

맞춤형 종교

(제1장)
안녕, 여러분,
나는 교리가 마음에 들어 이 종교를 골랐답니다
아, 그래요,
나는 죽음 후에 있을 광채 나는 삶에 무작정 이끌렸지요
맞아요, 나도 그 천국의 색조에 감탄했지요
그러시군요,
나는 이 종교가 지상에서 복을 준다 하여 선택했습니다
거기 선생님들 이왕이면,
이승과 저승 모두에서 복을 다 준다는
이 종교는 어떻습니까
한 번 일단 체험해보시고 결정해보십시오
일 주일간 체험 비용으로 가족에게는
특별할인가로 모시고 있습니다
그나저나, 저쪽 팀은 무슨 종교이길래 늘 모여 다니는가요
아, 집단자살을 준비하고 있다고 합니다
아니, 종교의 이름으로요?
그렇지만 윤회의 번뇌를 씻고자 하는
숭고한 정신이라고 하더군요
아, 그렇군요 나도 한 번 가입해봅시다

서두르지 마십시오,

그 전에 가입비 1억 원을 내셔야 한답니다

꽈당, 그런데 저쪽은 왜 저렇게 사람들이

한꺼번에 웅성웅성거리지요?

네, 14만 4천 명만 구원이 된다 하는데

지금 나머지 4천 명을 고르고 있어서 그렇답니다

저쪽에서는 왜 또 사람들이 몰려 있지요?

예, 거기는 면죄부를 팔고 있답니다

경쟁이 치열해서 사회적 지위와

경제 수준을 기준으로 정하고 있답니다

나는 아픈 데가 많아서 다 고쳐준다 해서 헌금을 왕창 하고

신비의 묘약만 따로 구입해서 먹고 있지요

그러면 조금 나아졌습니까

글쎄요, 전 재산을 다 바쳐야 낫는다는데

면죄부 줄을 서는 것이 더 효율적일지 모르겠네요

님은 여기에 왜 오셨나요?

휴, 말도 마십시오

저는 옛사랑을 못 잊어서 수년을 불면증에 시달리다가

궁여지책으로 이 종교를 골라보았는데

색상이 어떻게 보입니까

너무 튀지는 않나요? 내 몸에 어울리나요?

이러면 사랑이 돌아올까요?

(다 같이 합창 : 디자이너에게)

오늘 하루 내 기분에 맞는 종교복을 좀 만들어주세요

거추장스럽지 않으면서 고급스러운 디자인으로 부탁합니다

레이스는 혼합종교 무늬로 넣어주세요

우담바라꽃이 천 년 왕국으로 가는 길목에서

병이 싹 낫는 단추도 달아주시구요

모든 심신의 고통을 없애주는 왕단추도 잊지 마세요

또 그 맛깔스러운 천국의 질감을 꼭 살려주셔야 해요

아 참, 극락이라는 금박 줄무늬도 곽곽 넣어주셔야지요

세탁 후에도 반짝이가 안 떨어지게 잘 마무리해주세요

** BGM 추천 : Lilli Boulanger <Vieille prière bouddhique>

꽃잔디로 산다는 것은

우리는 튀지 않아요
누가 더 예쁘고 낫고 하는 법 없이 다 고만고만해요
색도 모양도 다 한결같아요
키도 크지 않아요 아마, 세상에서 제일 작은 키일걸요
가끔씩 몇 개는 동료들보다 살짝 크기는 해요
그래도 멀리서 보면 다들 고만고만해요

우리는 다른 꽃들이 피어날 때 머리 숙이고
땅에서 움이 트는 소리를 가만히 들어요
다른 꽃들이 카메라에 무수히 찍히는 동안
우리는 조용히 우리 순서를 기다려요
물론 셔터 소리가 많이 나는 건 아니에요
안 찍혀도 결코 서럽지는 않아요
사진보다 더 중요한 일이 세상에는 많으니까요

우리는 서로 손잡고 기다릴 줄 알아요
남들이 알아주지 않아도 우리는 같이 있어서 행복해요
돌들도 우리를 떠나지 않고 옆에 몇 십 년째 있어 줘요
우리는 하나일 때는 의미가 없어요
뭉쳐 있어야 살아요

우리의 뿌리는 한 뭉텅이에요
안에 가지끼리도 엉켜있어요

위에서 우리를 내려다보면 어머니의 젖무덤 같아요
둥글둥글 뽀송뽀송 푸근푸근
혼자 튀고 싶을 땐 우리 옆에 와요
더불어 뭉쳐 있어야 튀어요
젊음이 튀어요 희망이 튀어요
사는 게 힘들 땐 우리 옆에 살짝 앉아봐요
우리 이슬 몇 방울을 같이 나누어 마셔요

** BGM 추천 : Inti Illimani <El mercado testaccio>

둥굴레차

어쩜 그리 네 이름과 똑같은 맛이냐
첫맛과 끝맛이 어찌 그리 둥글둥글하냐
모난 세상 둥글게 살라고
뾰족한 말 녹이라고
말하기 전에
혀에 그윽함 먼저 적시라고
그렇게 이름값을 하는 너는
화려한 향도 색도 없지만
천 년을 한결같이
어찌 그리 지조 있는 맛이냐

** BGM 추천 : 혁오 <공드리>

새로운 땅으로

나 이제 새 땅으로 떠나리라

새 둥지 틀고

새 하늘 향해 뻗어가리라

모두와 똑같아지는 것은 원하지 않아

새로운 땅에서는

또 이방인이겠지만

그래서 이 땅에도

그 땅에도 속하지 못하겠지만

어차피 삶은
여기에도 저기에도
속하지 못하는 이방인의 모험이리니
그렇게 대담하게 담을 떠나와
이제 새 땅에 한 발 한 발 디디다
미끄러지다 조금씩 전진한다

로버트 프로스트의 시를 읊조리며,
"숲속에 두 갈래 길이 있었다
나는 사람이 적게 간 길을 택하였다
그리고 그것 때문에 모든 것이 달라졌다"

** BGM 추천 : Earl Klugh <All through the night>

작약 여인

둥그런 막을 치고 내공을 쌓고 있습니다
응어리진 기억들이 끝내 눈물 한 방울로 영글어갑니다
단 한 번의 눈부신 분홍빛 날갯짓을 위해
이슬은 그토록 말을 아끼고 몸짓을 아끼고
별을 새는 밤을 보내고 있습니다
이대로 안으로 안으로 담금질을 계속합니다
조용히 서서히 익어가도록 내버려 두소서
구(球) 안에서 명상 중인 나를

뒤집어보고 까보고 후벼파지 마소서

가녀린 미풍마저도

때로는 가슴 시린 상처로 다가옵니다

수풀의 속삭임마저도 버거울 때가 있습니다

언젠가 새벽 별빛이 달빛의 열정과 만나는 날,

홀연히 스르르 내 몸 열려 합니다

바라보기만 해도 치유가 되는 그런 분홍빛이 되렵니다

살며시 손끝 대기만 해도 맑음 주는 존재가 되렵니다

그간 파랗게 보랏빛으로 멍들었던 가슴들

아스라한 꿈결 같은 분홍빛으로 물들게 하고

분홍 복숭아밭 같은 향기를

저 언덕 아래까지 물들이렵니다

그리하여 꿈 없는 자 다시 꿈꾸게 하고

생기 잃은 자 활력을 주고

희망 버리려는 자 다독여주고

어떤 이유로든 눈물 흘리는 자 어루만져 주려 합니다

이 한 몸 분홍색으로 태어나는 존재 이유입니다

분홍으로 취해가는 이 밤은

작약 여인의 숨결입니다

** BGM 추천 : Diana Krall <Night and day>

현미경

너의 본질로 가까이 다가가면 갈수록
원래 모습에서 멀어져

렌즈 비율을 점점 더 크게 잡을수록
내가 아는 너의 실체에서 점점 더 멀어져 가

결국 하나의 점으로 남는 너
점점이 그리움이 되고
그리움은 눈물이 되고
눈물은 오아시스가 되고

렌즈 안 너를 만진다
신기루를 만진다

** BGM 추천 : Armin Van Buuren <Mirage>

엇갈린 운명

푸르른 소나무의 입김의 품에서
햇살 사이로 뿜어내는 그윽한 송진 향기 맡으며
그렇게 깊게만 여물어가는 솔방울이 되고 싶었지만
알 수 없는 엇갈린 운명 속에
느닷없는 태양의 파편으로 흩어져
빨갛게 태어난 이 신세

이 몸을 원한 것이 아니었어 결코 아니었어
세월이 몇 겹을 흘러도
솔방울에 대한 집착을 버리지 못한 채
십수 년째 소나무밭에만 마음이 가 있어

몸은 이곳에, 마음은 그곳에
저주 내려 꼬여버린 운명의 회오리바람을
쉼 없이 원망하니
어정쩡하지만 어찌어찌 겨우겨우
이 몸도 솔방울을 닮아가는 듯
오늘 갑자기 저기 솔밭에
송진 내음이 사라져버린 순간
드디어 결심을 했어
이 몸뚱이가 나온 모체인
태양을 이제 그만 똑바로 쳐다보기로

그리고 행여 여린 마음 다치지 않기 위해서
온몸 가득 화살로 무기를 장착한 채
그렇게 한참을 태양과 사투를 벌였어
화살은 핏물이 되어 돌아왔어
솔방울이 되고 싶었던 영혼은
핏방울로 얼룩져 신음하고 있어

몸과 마음이 하나가 되고 싶었어
단지 그것뿐이었어
이건 너무 가혹한 저주 아닌가

** BGM 추천 : Lana Del Rey <Summertime Sadness>

아보카도 운명

그대 나의 씨앗
내 안에 이대로만
꼬옥 파묻혀 있어만 준다면
나는 그 청청함 언제까지 변하지 않아

나 어느 날 샐러드로 만들어지던 날
만신창이가 되어 쓰러지던 날
내 몸 으깨어져 부서지는 모습
옆에서 함께 흐느껴주고
일으켜주고 싶어 안타까워했던 그대
두 몸이 하나 되고 싶어
두 맘이 하나 되고 싶어

가녀리게 함께 떨리우던 세월들

살아도 같이 살고

죽어도 같이 죽고

한 둥지 안에서

함께 푸르게 푸르게 익어가던 세월들

어찌 쉬이 저버릴 수 있으리

서로의 생채기 끌어안고

어루더듬으며

하루를 영원같이…

** 아보카도는 샐러드로 만들어 오랜 시간 두어도 그 동그란 씨앗이 같이 접시 안에 파묻혀 있으면 색깔이 노랗게 변하지 않는다.
** BGM 추천 : Salvador Sobral <Amar Pelos Dois>

연금술

이 아름다운 봄 햇살 봉지에 가득 담아

그대 품에 안겨줄 수 있을까

커다란 풍선에 담아 그대 주소 적어서

하늘 위로 날려 보낼까

태양에너지 속에서 UV는 빼내고

그대 아름다움 닮은 온도와 색감만 잘 골라내

그리움 보드랍게 곱게 빻아 넣고

애틋함 엉키지 않게 풀어서 넣고

집착은 강단지게 훌훌 털어버리고

맑은 사랑 필터에 거르고 또 걸러서

드디어 마술로 농축되어 정제된 알약을

특급우편으로 보낼까

그대 그 알약을 웰빙 생수에 삼키는 순간

내가 받은 이 느낌 그대로

그대 몸에 퍼져 전해질 수 있다면

그대 입술에 봄 햇살 번지게 할 수 있다면

그대 심장에 금빛 은빛 물결 출렁이게 할 수 있다면

** BGM 추천 : Coeur de pirate <On s'aimera toujours>

토마토 샐러드

벗겨지는 토마토

손에 힘을 주기도 전에 터지는 알맹이

그리움의 봇물 터져

둑을 타고 흘러 바다 한가운데로

널 만지기도 전에

씨가 쏟아져

시가 쏟아져

물이 쏟아져

눈물이 쏟아져

그간 아픈 세월이

너무 빠알갛게 타서 온통 익어버렸어

주체할 수 없이 흐드러지는 모습

처음 초연했던 모습과 너무 다른

이리저리 토막난 모습

찢겨진 가슴

** BGM 추천 : 하림 <난치병>

탯줄 끊는 시간

긴긴 기다림의 시간이 지나고
이제 한 몸이 아닌 시간으로 다시 돌아가야 할 때,
조금만 더 같이 있고 싶어서 매달리는 절실함
대지여, 심호흡하라, 침묵하라
끊어야 다시 시작된다 끊어야 너와 내가 산다

그럼에도 불구하고

책꽂이에 카프카와 보들레르가 옆으로 포개져 있고
니체와 네루다가 나란히 있다
러시아 혁명과 에로티시즘이 열심히 껴안고 있고
무역 스페인어와 프랑스 유머집이 마주 보고 있다
세계의 모든 혼이 모여 나의 넋과 꿈을 색칠하고 탈색한다

이 모든 책들의 권위 위에 군림하는 절대자 있으니
그는 모든 학문의 싹이 나서 자라는 것을 지켜보고 있었다
인간이 총총거리는 발걸음으로
그의 절대성을 모방하려 다가설 때
그는 엷은 미소로 우리의 걸음마를 북돋아 주었다
때로는 대견해하면서 때로는 성내 하면서
인간의 번뜩임은 그에게는
한낱 대서양의 잉크 한 방울일 뿐

그럼에도 불구하고, 나는 카프카이고 싶어라
보르헤스이고 싶어라, 네루다이고 싶어라
때로는 쿤데라이고 싶어라

** BGM 추천 : Björk <Utopia>

금빛 날들에게... 메리골드에 바침

이 육신이 조금 오그라들더라도
기억을 좀 더 오래 담을 수만 있다면
푸르르게 젊은 시절 꾸었던 영롱한 꿈 방울들,
다시 모아 이 몸에 언제까지나 저장할 수만 있다면
내 이름은 메리골드
청춘은 그렇게 쉬이 와서
황금의 노다지 하나 발견할 듯 말 듯하던 틈 사이로
잠시 헷갈리는 틈에 청춘은 이미 떠나가 버렸다
애꿎은 위안 삼은 이름 하나 휘리릭 내게 던져준 채,
메리골드, 황금의 시절…

쇠약한 몸에 떨어지지 않는 것은
집착이라는 덩어리뿐
내일이 와도 붙어있는
아리디 아린 生의 무게러니,

꿈결 같던 황금의 시절이여,
다시 올 수 있다면,
황금 이슬로 몇 날 며칠 술을 빚어
영혼의 밑바닥 닿는 곳까지 들이키리라
금빛 새벽이 밝아올 때까지

** BGM 추천 : David Garrett <Csárdás>

착각하지 마시오

둥글둥글한 줄 알고 다가갔더니
열 손가락 가시에 다 찔렸소이다
가시가 너무 작아서 핀셋으로도
잘 빠지지도 않더이다
뭐 그리 쌓인 한이 많아
처음 본 이 사람을 이리도 괴롭게 하오
제발 이제는 내 몸에서 빠져나가 주면 고맙겠소
그렇게 무턱대고 찌른다고 박힌다고

내 안에 사는 것이 아니오
있어도 있는 것이 아니오
착각하지 마시오

** BGM 추천 : Abel Pintos <Cactus>

시인이여,
대신 써주오

이 마음 행여 달래볼까 뒹구는 시집을 펼친다
고매한 시인의 형상화된 단어들,
내 고통 언저리를 어렵게 어렵게 만진다
그녀도 아린 아픔이 있나 보다
그녀가 토해내는 욕정의 맥박들이 행간마다 아프다
그러나 난 이런 어려운 시 모른다
지금쯤 그대는 머언 행성에 닿았을까
이 지구가 내려다보일까
이 내 휑한 눈이 그대 레이더망에 잡힐까
아아, 고매한 시인이여, 나와 한 잔 합시다
우리 서로 어려운 말 안 해도
술잔 비우면서 아린 심장 다독여줍시다
끝내는 드디어는 우리 껴안고 울어버립시다
시인의 어려운 단어들
(얼마나 힘들면 그런 메타포가 그대 목을 조였나)
이젠 눈물로 눈물로 한없는 흐느낌으로 훌훌 떨쳐버리시게
아직 날 모르는 시인, 날 아는 우주인 그대, 나를 모르는 나
그대가 1번 게이트를 찾아
다른 행성으로 날아가는 수속을 밟는 동안

(아, 그 무심한 분주함이란)

나는 내가 찾아야 할 게이트 번호를 몰라

회로에 얽혀 몇 시간째 감전되었다

얼어버린 미이라, 그 초라한 시간의 동결

어느 날 낯선 영화 같은 우리들의 이야기를

시인이여 쉽게 쉽게 대신 써줄 수 있을까요

맥을 짚어주십시오

내 안에서 부화되지 못한 언어를 도끼로 찍어주십시오

영원히 시인께 감사하리다

그대여, 며칠째 시 한 줄도

못 쓰는 여리디 여린 이 지구인을 기억하는가

** BGM 추천 : 윤미래 <시간이 흐른 뒤> 또는 불어 버전 프랑스 룰리아 에스떼브 노래

분홍 약물

앙상했던 겨울날의 가지에
다시 푸르른 새순 돋아나고
잿빛만 남았던 얼굴에
분홍빛 꽃이 새살 되어 피어오르는 것은
매서운 바람에 그대로 얼어버릴 듯한 가녀린 몸짓이
가슴에 검붉은 피멍으로 겨우내 맺혔다가
아지랑이 숨결에 녹아 분홍빛으로 취해가는 사연인가

너를 향한 아득한 그리움 다하는 그곳
손끝으로 가리키니
눈가가 시큰, 꽃물 두 줄기
가슴속 깊게 패인 골짜기의 물줄기 되어
분홍빛 빗줄기 되어
파닥거리는 날개를 적신다

치유하는 약물 냄새
향긋하게 온몸에 스며든다
이제 그만 핑크 요정이 되어
꽃바람 타고 봄을 날으리

** BGM 추천 : 슈베르트 <밤과 꿈>

나 그대에게 ... 이고 싶어라

한 번만이라도 그대 시의 주인공이고 싶어라
그대가 땀 흘려 파내려가는 조각상이고 싶어라
그대가 밤새 그려내는 고혹한 눈빛의 모델이고 싶어라
단 한 번만이라도, 그대가 입 모아 부는
대금의 촉촉한 부분이고 싶어라
그대가 손가락으로 뜯는 가야금의
가장 고요한 현이고 싶어라
그대가 매는 송진 향기 가득한 소나무 무늬가 있는
넥타이의 매듭 부분이고 싶어라
그대의 목젖 언저리가 잔잔히 반응하는
숨줄기를, 그 숨결을
매순간 느끼고 싶어라

그대가 급히 써내려가는 메모지의 뒷면이고 싶어라
조금씩 그대가 가하는 힘을
그 달콤한 아픔을 가냘픈 종이 아래서
그대 전횡적인 움직임에
내 몸 다 맡겨버릴 수 있게,
그대 내 존재 누구인지 모르겠지만
난 나를 이렇게 하얗게 하얗게

다 바쳐 희생할 준비가 되어 있는데…
그대가 매일 두드리는 키보드에서
제일 많이 눌리는 자음 또는 모음이고 싶어라

그대가 외로이 살고 있는 이름 없는 섬에
어느 난파된 배가 흘러와 홀로 살아남은
까무잡잡한 얼굴에 누더기옷을 걸쳐 입고
어느 먼 이국에서 떠내려온
긴 머리카락 헝클어진 원주민 처녀이고 싶어라
나 그대에게서 발견되고 싶어라
섬 한가운데 그대가 지핀 모닥불에
지친 몸, 지친 맘
젖은 몸, 젖은 맘
미지의 밤 파도 소리에
이젠 다 맡기고 싶어라

** BGM 추천 : Oscar Peterson <Laurentide Waltz>

포즈

더 다가가자니 날아가실까 봐 불안
떨어진 이 거리에 카메라 앵글이 흐릿해서 답답
행여 나를 바라보실까 봐
나도 못 본 척 딴청

모델님, 부디 카메라는 의식하지 마시고
하시던 포즈를 그대로 취해주시길
꽃잎 아침 식사를 그렇게 잠시 더 예쁘게 해주시길

1분만 그 자세대로 머물러주시길
부디 내 하루의 첫 시 수확 모델이 되어주시길
그대를 찾기 위해 새벽 1시간을 헤매 걸었소
꽃과 그대가 함께 있는 이 한 컷을 위해
니르바나로 가는 포즈를 위해

** BGM 추천 : TSQUARE <Takarajima(Treasure Island)>

제사장도 모르게

이렇게 달빛 취하는 밤엔
세상에서 가장 하얀, 눈부신, 아니 아린 천을
온몸에 두른 채 神의 제단에 눕겠습니다

이렇게 이슬에 취하는 밤엔
세상에서 가장 투명한 아니 푸르른
눈물 한 방울
제사장도 모르도록 그대 위해 얼른 흘리겠습니다

내 몸이 제물이 되는 날
해는 달이 되고
달은 불이 되고
불은 물이 되고
물은 나무가 되고
나무는 쇠가 되고
쇠는 흙이 되어

하늘과 땅이 거친 숨을 몰아쉽니다
일직선의 시간이 원이 될 때까지
원이 구를 이룰 때까지

구가 다시 달로 태어나

저 아득한 우주가 빚어내고 참아낸 인고의 세월 속

하얀 천 위에

이젠 한 방울의 빠알간 이슬로 번질 때까지

밤이 새도록

제단 위에 파르르 누워

우주의 가장 깊은 곳에서 나는 소리를

은빛 마그마의 분출을 꿈꾸고 있겠습니다

** BGM 추천 : BACH : Toccata and Fugue, BWV 565 by Edson Lopes

프리 허그

위로가 필요하면 언제라도 오렴
비가 와도 눈이 와도
이 자리를 지키고 있을 테니
용기가 필요할 때는
희망이 필요할 때는
신뢰가 필요할 때는
언제라도 내게 오렴
아무것도 설명하지 않아도 돼

그저 있는 그대로의 너의 모습을
믿어주고 꼭 안아줄게

** BGM 추천 : Buena Vista Social Club <Candela>

달과 바다와 밤이 만나면

저 광활한 바다 밑 심연…
무수한 사랑의 언어가 은밀히 숨 쉬는,
쥬땜므, 이히리베디히,
야이알스카데이, 워아이니, 떼아모…
빙하기를 거쳐 중세를 지나 우주의 시대에 이르기까지
차마 인쇄되어 부활할 수 없는 사연으로
저 바닷속으로 사라져야만 했던
무수한 지상의 비밀스런 러브레터들…
그 처절한 주홍글씨들…
그 글자들의 고독한 몸부림
알 수 없는 언어끼리 서로 몸을 섞고
하루하루 취해만 가는 바다의 신들의 난무 속에
파도 위에 몸을 맡긴 채
바다 위에 목마른 혀끝으로
"사…랑…해…"라고 쓴다
소리는 곧 달빛에 녹아버린다 해도

** BGM 추천 : Claude Debussy <La Fille aux cheveux de lin>

기억상실증

내가 누구지요?
뿌리는 있는데 기억이 안 나오
나의 꿈은 무엇이었나요?
그 꿈은 이루어졌나요?
누구를 사랑했었나요?
차를 타고 이 길을 지나가는 사람 중에
나를 사랑했던 그 누군가가 있나요?
혹시 그도 기억상실증일까요?

기억을 찾을 때까지
그대를 다시 찾을 때까지
여기 사계절을
붙박고 서 있을 테요

** BGM 추천 : ZAZ <Si jamais j'oublie>

물물교환

이 서늘한 가을 아침
어디에선가 시가 날아오고 있어
그러나 아주 조심스럽게 나를 비껴가
그대 향한 내 심장이 너무 뜨거워 불에 델까 봐
시마저 나를 피해가
시는 재로 남으면 안 되니까
시가 내 근처를 맴돌다가
끝내는 내 몸 뜨거운 온도에 흠칫하며
땀만 흘리고 홀연히 떠나가
시가 그대에게 질투하며 떠나가
왜 그대에게만 마음이 다 빼앗겨 있는지
한마디 핀잔주면서 떠나가
시가 왜 꼭 한 남자에게만 향해 있냐고
뭐라 째려보고 떠나가
시가 품는 우주는 가을 하늘도 있고, 나비도 있고,
아스라한 무지개도 있고, 바닷가 노을도 있고,
꽃잎의 숨결도 있고, 호박넝쿨도 있고,
담벼락 햇살도 있고, 어머니의 고독도 있고,
벼 이삭도 있고, 개울 물소리도 있고,
산사에 풍경소리도 있고, 장터에 사람 소리도 있고,

신도 있고, 별도 있고, 달도 있는데…
왜 꼭 그대여야만 하는지
내 시의 폭에 대해서 나무라면서
내 팔을 한 번 꽉 꼬집고 떠나가
아파, 이제는 시가 날 때려
내가 외롭고 힘들 때 날 안아 일으켜주던 시가
이젠 날 외면하고 내동댕이치고 떠나가
더 넓은 마당에서 놀라고
더 멀리 있는 저 너머를 보라고
더 큰 고기를 낚으라고…
이렇게 시 때문에 좀 쓰라려도
한동안 그대만 떠올리며 멍하니 있을래
시랑 맞바꾼 그대가 마냥 좋아서

** BGM 추천 : Purcell <I attempt from love's sickness to fly>

군주제의 몰락

영원한 영광은 없노라

대대손손 용의 권위를 누릴 줄로만 알았겠지

왕가를 유지하기 위해

국민들은 얼마나 배를 주리는지 알고나 있었느냐

진작에 끝났어야 했다

너희들의 전횡성과 그 횡포를

뭐가 그리 억울해서 눈을 뜨고 죽었느냐

궁전을 도망치다

돌부리에 걸려 발이 다 빠졌구나

허나,

국민들은 그동안 삶이 절벽에 걸려 살았단다

혁명이 꼭 일어났어야만 멈추는가

스스로 물러날 때를 알고
물러나는 제도, 또는 사람은
뒷모습이 아름다운 법
이제 그만
역사의 뒤안길로 사라져 주시오

(그렇다면, 과연 공화제는 완벽한가?)

** BGM 추천 : Gondwana <Felicidad>

하물며

하물며 딱딱한 보도블록도
마음 한켠 동그랗게 내주고
푸르른 새싹이 자라게 하는데
말랑말랑하다는 사람의 심장은
그렇게 삭막한 것인가
왜 씨앗 하나 키우지 않나

작은 그림 하나

Hey 그대
내 몸을 씻어줄 수 있을까
내가 인쇄물에 치여 돌아오는 날엔
비누 거품 몽롱한 그대 손끝에 취해 꿈속으로 젖어들다가
끝내, 이 고독한 욕조 밑으로 잠수 당하면
그땐, 이 인어공주를 끄집어 올려
그대 뽀송뽀송한 보드라운 손길로
젖은 내 몸, 닦아줄 수 있을까
이젠 날 들어 올려 킹 싸이즈 침대에 날 눕혀줄 수 있을까
그 아득한 로렐라이의 전설 같은 드넓은 품속으로

Hey 그대
그리고는 인어공주의 아른거리는 지느러미를
진지하게 애무해줄 수 있을까
사랑이 뭐 그리 대단하다고
그리하여 잠든 인어공주 그 꿈결 가득한 속눈썹,
가녀린 떨림을 계속 지켜볼 수 있을까
아주 가끔씩은
인어공주가 되고 싶어
리비도보다 엑스타시보다

가끔씩은 아주 가끔씩은

이런 평화로운

작은 그림 하나

내 맘속에 꿈틀거려

** BGM 추천 : Cyrille Aimée <Nuit blanche>

탄생 설화

그 새벽,
가슴에서 차오르는 불의 언어가
우주로 흩뿌리던
혼돈의 시간, 처절한 외로움의 시간에
뼈를 깎는 몸부림은
대지로, 하늘로, 바다로 포효하며
온 누리의 고요의 시간을 염원하노라

바다는 서서히 작은 우주를 마주할 준비를 하며
성난 파도를 어루만지고 달래주고
모든 세상의 새들은 동녘을 향해 날갯짓하고
피멍 어린 자유의 노래를 부르며 밤을 새우고
이제 켜켜이 쌓인 응어리들은 뿌리째 바닷속으로
그 심연 속에 기억을 모조리 묻어버리고,

새 희망으로 솟아오르는 태양의 전율 속에
새들의 노래가 침묵으로 바뀔 때,
기적처럼 마법처럼
네가 태어났다
우리는 그렇게 동시대인이 되었다

태양은 약속한다
너의 찬란한 미래를
대양은 펼쳐준다
백과사전에 기록될 너의 활약을

** BGM 추천 : Vangelis <Conquest of Paradise>

훔쳐보기

도무지 안 보여주니
훔쳐라도 보고 싶다
안에 뭐가 있는지
안에 누가 있는지
내가 있는지 없는지
있다면 언제부터였는지
없다면 언제부터였는지
네 마음속에

네 허락도 없이

네 허락도 없이
마구 나체 사진을 찍었으며
네 허락도 없이
숱한 사람들이 너를 안게 했으며(화학반응은 고려도 않은 채)
네 동의도 없이 내 맘에 드는 옷을 골라 입혔고
너의 승낙도 없이 네게 빈번한 뽀뽀를 해댔으며
네 입맛을 묻지도 않고 분유 브랜드를 골랐으며
네 취향을 묻지도 않고 우유병 모델을 골랐고
네 허락도 없이 아빠를 선택했으며
네 허락도 없이 널 이 세상에 태어나게 했고
(나중에 물어보니 네가 나를 엄마로 선택했다고 해서 다행)
네 허락도 없이 너를 숭배하고
네 허락도 없이 이 詩를 쓴다
용서하라 나의 전횡성을 베이비

** BGM 추천 : 동요 <Row row row your boat>

섬에 가는 꿈

나 그대 보려고
태평양을 날아왔네
아직 남은 그대 진실 느끼려
아직 따스한 그대 눈빛 보려
아직 촉촉한 그대 목소리 들으려
아직 푸르른 그대 향을 맡으려
아직 청청한 그대 등에 기대려

나 이젠 그대와 하나 되려
한쪽 날개 부러지며
수억 년을 날아왔네

내 진실을 진실 그대로
내 눈빛을 눈빛 그대로
내 목소리를 목소리 그대로
내 손짓을 손짓 그대로
내 몸짓을 몸짓 그대로
내 발자국을 발자국 그대로
내 날개를 날개 그대로
그대… 그대로 받아주오

그대 안의 돌,
그대 안의 어둠,
그대 안의 침묵,
그대 안의 얼음,
그대 안의 장애
모두 창공에 날려요

꿈결 같은 그대여
이젠 우리 함께 같은 꿈을 꾸어요
같은 몸으로
같은 맘으로
같은 섬으로 가요

** 2005. 9. 칠레를 방문한 장애 청년 드림팀께 바칩니다.
** BGM 추천 : Gipsy Kings <Volare>

동맥

열정의 피, 그 동맥선을
더는 못 감추고 오늘 다 드러내 버렸지
숨기며 흐르는 시간들
이제 그 지하세계의 그늘 못 견딜 것 같아
뒤집고 솟구쳐 나왔지
왜 늘 조용히 흘러야만 하는데
왜 늘 안 보이게 몰래 흘러야만 하는데
그리움 흐르는 것을 흐른다고 말하고

눈물 흐르는 것을 흐른다고 말하고
피가 흐르는 것을 흐른다고 말하고

사랑하는 것을 사랑한다 말하고
존재하는 것을 존재한다 말하고
오늘부터 동맥은 살갗 위로 흐르기로 결심한다

** BGM 추천 : Pat Metheny <And I Love Her>

새벽 술

꿈틀거리며 옹알이하는 시어(詩語)들
새벽잠을 뒤척이게 하고
어두운 공기 중에서 서로 부딪히다
피로 멍들다 서로 난무하다
이 새벽 책상 앞에 나를 앉히게 하는 너희들의 집요함이란

혼란한 인생을 정리하며 살라고
애매한 인생을 문자화하며 살라고
추상을 구체로 승화시키라고
소요와 소음을 진정시키라고
어둠 속에 빛이 있게 하라고
무채색 공기에 色 있게 하라고
비틀거리는 술기운에 영원한 총기 있게 하라고
몽롱한 옹알이를 말문 트이게 하라고
내 안에 흐르는 전류를 제발 뿜어내라고

그래서 시어끼리 잘못 부딪쳐
합선이 되어 정전이 되어도 좋고
그러다 영원한 노스탈지아로 남아도 좋고
이 새벽

시어들과 한 잔 한다

오늘 너희들과 화해한다

살룻!

원샷!

** BGM 추천 : Nils <Good times are better>

숨소리

그대에게 선택받기 위해
태평양 심연을 따라 영겁 가까운 시간을 흘러 흘러
헤엄쳐 온 사연,
바다 저 끝에서 기다림에 가슴속 함성 짓던 눈물은
어느새 모나지 않은 타원으로 석화(石化)되어
완전한 구(球)를 꿈꾸며 마주 서 있고
색도 재질도 향도 다른 우리는
아직 포개지 않았으나
그만큼의 거리에서 서로의 숨소리를 느끼며
지금 바로 다가서지 못하는 이 망설임은
대양을 헤엄치다 폭풍 속을 뚫고 헤쳐온
그 리듬 잠시 쉬려 함이오
갑작스러운 포개짐으로
그 충격에 용암처럼 굳어버리지 않으려 함이오
외로움에 맺히고 맺혀 살아온 그간 세월을
원망하지 않기 위한 시간을 갖기 위함이오
뜨거움에 몸이 타들어가
행여 가루로 변하지 않을까 하는 염려 때문이오

서로의 열정

천천히 느끼고자 이 거리를 유지하노니
하염없이 바라보기만 하노라
그렇게 신음 같은 숨만 쉬고 있노라

** BGM 추천 : Nina Strnad <El dia que me quieras>

뿌리 사랑

같은 마음 뿌리에서 나온 우리는
그 처절했던 차가움과 외로움의 세월을
온몸으로 얽히고 설키고 뒤엉킨 채
어루만지고 달래주고 쓰다듬어주고
네 몸이 내 몸이고 내 맘이 네 맘인
6차원의 시간과 공간을 나누어 왔노라
그렇게 은밀하게 침묵 속에서
서로가 익어가는 모습을 바라보며

하나가 쓰러질 때는 다른 하나가 위로해주고

하나가 비틀거릴 때는 다른 하나가 일으켜주고

같이 손 꼭 잡고 영혼을 포갠 채

영원하고도 하루의 시간을 함께하고자

깊디 깊은 땅의 정기를 숨 쉬었노라

찰나의 시간도 혼자 있음을 허락하지 못하고

같은 뿌리로 엮어져 있음에도 마냥 더 엮이고 싶어

몸부림치는 우리는

지하에서 그랬듯이, 이제 지상에서도,

다음 세상 하늘에서도

같은 뿌리로 얽히고 설키고자 절실히 바라노니

어느 날 저 산 위로 달빛 떠오르거든

이런 애틋한 사랑이

어느 이름 모를 지하세계에서부터 있었음을

부디 누군가 기억해주오

누군가 뿌리 사랑이라 불러주오

** BGM 추천 : 서도밴드 <사랑가>

번역 에필로그

모국어는 늘 따뜻한 품만은 아니라는 사실을
가끔은 가시밭에 내동댕이쳐진 것처럼
온몸에 상처가 날 수도 있다는 사실을
악어 늪에 점점 빠져들어 가는 듯한
아득한 두려움마저
견뎌내며, 또 쓰라리며

어떤 외국어로도 번역되지 않겠다고
오기를 부리는 모국어의 성깔 앞에서
안간힘을 쓰다가 결국 무너진다
그 엄숙한 향연의 언저리를
날이 새도록 쓸쓸히 뒹군다
헤매이던 가시밭길, 밤이슬에 몸이 젖는다

그래도, 날 일으켜 세워 안아주는 존재는
결국 모국어의 가슴

밤새 집 나가 방황하는 나를
겨울 문밖에서 서성이며 기다려주었다
내 어머니의 언어가,

내 아버지의 언어가

** BGM : Mendelssohn, Album leaf(Song Without Words) in E Minor Op. 117

상징주의

님 향한 불타는 그리움이
가슴 한 곳에서 시작해
이제는 온몸으로 번져가나니
하얀 흔적은
님 그리다 몸부림치던 하이얀 밤들
볼록 들어간 홈은
그리움 갈 곳 몰라 이내 폭발해버린 분화구
가운뎃줄은
눈물의 용암 자국이 흘러내리다 굳어진 눈물길

그리고, 손에 딱 들어오는 크기는

내 인생, 님의 한 손 안에 있다는 절대성
내 인생, 님의 한 입에 있다는 상징성

** BGM 추천 : Cesária Évora <Ausencia>

부메랑

이렇게 너에게 무작정 받기만 해도 되는지
너의 한없는 애정 앞에서
나는 널 위해 무엇을 해야 하는지
그저 너를 온몸으로 느끼고
깊이 감사하기만 하면 되는 것인지
너를 노래하고 감상에 젖기만 하면 되는 것인지
너를 시로 표현해내고
너의 숨결을 그대로 들이키면 되는 것인지

자연이여, 부디 말해주오
나 어찌해야 하는지
나 그대 앞에서
이 많은 사랑을
언제 어떻게 되돌려주어야 하는지

** BGM 추천 : Patricia Kaas <Hymne à l'amour>

친애하는 볼펜에게

내 손 안에 있는 너
내 생각이 명령하는 대로 순종해야만 하는 너
내 손끝에 너의 운명이 달려있어
내가 너의 마음 읽을 날은 오지 않아
내가 시키는 대로 머리 조아리고 따라하기만 해
어디로 도망갈 수도 없어
네 기력 다 떨어지면(네 몸의 잉크 말이야)
너를 당장 언제 봤다는 듯이 버리거나
그래도 모양새가 쓸만하면
어디 서랍 구석에 처박아두는 거야
너는 거기서 숨을 쉬거나 말거나 햇빛 보거나 말거나
그리곤 다른 잘 빠진 녀석으로
금세 다시 너의 자리를 대체할 거야
너에게는 이름이 필요하지 않아
단지 잠시 나와 필요에 의해서 인연을 맺은 것뿐이야
가끔은 네가 내 사회적 신분과
지위를 알려주는 지표가 될 수도 있으므로
너를 정갈하게 잘 보여야 할 필요도 있어
그러다 다른 더 멋진 녀석 나타나면
돌아가면서 바꿔쓸 수도 있지

사람들은 내 눈을 보고 싶어 하지 않을 때에는
너를 가끔씩 쳐다봐
아예 대놓고 너에게 끝까지
눈길을 주고 싶어 하는 사람들도 있어
경우에 따라서는 갖고 싶어서 무지 탐내기도 해
그래서 경우에 따라서는 너를 그냥 양도하기도 해
아무런 조건 없이 쿨하게 말이야
너는 또 닭똥 같은 눈물 글썽이며
다른 사람에게 떠나가겠지
나는 너의 몸을 잠시 이용할 뿐
그들도 마찬가지야
너는 내가 잠든 밤 절절하게 나를 기다리지
그러나 나는 너를 결코 그리워해 본 적이 없어
단지 네가 필요할 때만 얼른 찾고 금방 이용하다가
또 곧 너의 존재를 잊어
그러다 네가 안 보이면 신경질을 내게 돼
뼈저리게 소중하지도 않지만
그렇다고 아무 때나 내다 버릴 수도 없어
너무 안타까워하지 마
그게 너의 운명이야
내가 아니라 다른 사람에게 가도
너는 그럴 수밖에 없는 운명이야
행여 내가 너를 다른 사람에게

넘긴다 해도 너무 섭섭해하지 마

그가 원해서 널 양도한 거야

나보다 너를 조금 더 필요로 하기에

그렇게 안전하게 넘겨준 거야

네가 아직 좀 쓸만할 때까지는 쓰레기통으로 던지지는 않아

너의 파란 단물 빨아먹을 때까지는 내 곁에 있어야 해

가끔 너를 질겅질겅 씹고 있는 나를 발견해

슬프겠지만 나는 네가 괴로워하는 걸 무감각하게 받아들여

너는 몸 다 바쳐서 내 곁에 있고 싶어 하지만

나는 그런 네가 너무 당연해

조금 돈을 더 주면 너보다 더 괜찮은 애들 많아

금방 내 것으로 만들 수 있어

내가 그 정도의 능력은 있거든

일단 내 손에 들어온 이상 절대 충절로 복종해라

네 몸 가루가 되도록 봉사해라

역사에 남을 점 하나 종이에 남기고 떠나라

** BGM 추천 : <캐리비안의 해적>

치유의 숲

땅 밑에서 솟아오는 고요는 어느새 포효하며
하늘을 향해 뻗쳐 올라
수직으로만 커가는 에너지를 내뿜고
겨울 詩의 시린 향연이 숲 가득 울려 퍼질 때
외로운 이의 가슴에 번져갈 때
바닥에 누워버린 눈덩이는 끝까지 남고 싶은
이생에서의 부질없는 사랑의 열망이려니
질기디 질긴 인연의 끈을 꿈꾸는 몸부림으로 남아

오늘 하루도 버텨가나니

상처 입은 자들의 소리 없는 흐느낌이
가지 사이로 멍울질 때
매일 밤 나무가 쏟아내는 고독한 눈물을 어루만지는
그 드넓도록 하이얀 품이여,
치유의 숲이여,

부디 이 땅의 집착을 버리게 해주오
땅에서 맺은 인연의 쓰라림이 가시게 해주오
이제 그만 멀리, 높이
바라보게 해주오

** BGM 추천 : 황병기 가야금 연주 <침향무>

베일 앞에서

피어오른 물안개 저 너머로
비칠 듯 말 듯한 그대의 모습
감히 다가갈 수 없는 그만큼의 거리를 두고
아침마다 신비의 베일에 싸여있는 그대는
정녕 물의 정령이런가

하늘에 햇살이 비칠 듯 말 듯하는 순간
자신의 존재가 조금이라도 햇살에 밀려
퇴색됨을 못 견디는 그대는 이내 사라져버리고
내일을 또 기약하게 하고
보여줄 듯 말 듯한 그대 진실처럼
꿈꾸는 물의 아지랑이는
때로는 아리게, 때로는 저미게,
때로는 여리게, 때로는 짜릿하게
그렇게 그대는
딱 그만큼의 거리를 유지한 채
더 다가오지도 않고
더 다가가지도 못하게 하고
하얀 미소만 남긴 채 피어올랐던 수면으로
다시 자취를 감춘다

내일 다시 태어나기 위해서

이제 내일은 물 위를 걸어 들어가리라
그대 안에 들어가리라
그대를 호흡하리라
그대의 실체를 느끼리라
그대의 베일을 벗기리라

** BGM 추천 : OMNIA <The Sheenearlahi Set>

동굴에서

어머니의 자궁 속
세상 밖으로 나가기 전
나를 부르는 바다, 내가 자양하는 곳
태어나기 전 시간에 나는 있다
역사가 있기 전의 시간에 있다
고요와 포효가 함께하는 공간과 시간 속에
우주의 배꼽 안에
어머니의 자궁 안에
내가 있다, 아직 내가 없다
내가 있었다, 내가 있을 것이다
무한으로 항해하기 전
숨을 들이마신다, 숨을 내쉰다
우주로 이어지는 탯줄을 따라

** 칠레 이스터섬 아나까이 땅가따 동굴에서
** BGM 추천 : 이스터섬 전통음악 <E'RURU ERA>

침묵, 그 이후

무작정 기다려야 깊어지고
긴 시간 어둠 속에 있어야 빛을 알고
사랑을 아직 발음하지 못하는 영혼들이
옹기종기 모여 옹기 둥지를 틀고
각기 가슴에 찐한 맛, 찡한 맛 우려내려
동면의 시간을 살고 있다

이는 온통 잊기 위함이 아니고
성숙한 몸과 마음으로 다시 깨어나기 위함이니
어느 날, 그 찐함과 찡함이 만나
그 향 온 누리에 번지면

그간 인고의 세월 그런대로 경쾌했다 말하리
어둠도 그럭저럭 상쾌했었다 말하리

먼 이국의 참나무통에서
몇 해를 익어가는 포도주의 울림처럼
옹기들의 깊은 마음도 한 철 한 철 익어가는 밤

긴 기다림 끝에
향이여 영원하라
맛이여 영원하라
그리하여, 사랑이여 영원하라

** BGM 추천 : Pentatonix <The Sound of Silence>

새해, 신전 앞에서

한 해 동안 추수했던 가장 싱그러운 결실을
바치게 해주소서
가장 향이 아름다운 과실로
가장 색이 선명한 채소로
가장 반짝이는 이슬 머금은 꽃잎으로
가장 눈이 맑은 어린양으로
그대 신전에 바치게 하소서

제단의 타오르는 연기 속에
어제까지 아픈 기억들 다 사라지게 해주소서
이기적인 자아를 불태우게 하시고
가시 같은 혀를 가루가 되게 하시고
좌절했던 순간들을 재로 날리게 하시고
오만과 욕망으로 가득한 가슴을 비우게 하소서

저 튀는 불꽃, 새해 태양 속 구심력 한가운데에 다시 모여
가장 성스러운 몸으로 다시 태어나게 하소서

새해에는
호수에 일렁이는 물결의 청명함으로 살게 하시고

구름 사이에 숨은 달의 고독을 이해하고
우주에 흩어진 詩들의 고독을 어루만지는
깊어지는 강물이 되게 하소서

여름날 나무 그늘 아래에서 타오르는 더위 식힐 때
그간 매찬 바람 이기며 꿋꿋이 살아온
모든 나무들의 역사와 정신을 기리며
무한히 감사하게 하소서
대나무 잎보다도 더 그윽한 詩를
온몸에 푸르게 휘감고
하루하루 시향(詩香)에 취해가게 하소서

** BGM 추천 : Clanadonia

꿈꾸는 수련

연둣빛 이파리들은
어느 날 피어날 보랏빛 꿈을 찾아
물 아래 뿌리를 늘어뜨려
경계를 다 푼 채
온몸을 펼쳐버렸다
이제 꿈을 믿기로 했다
온전히 꿈에 맡기기로 했다
더 의심하지 않기로 했다
작은 심장은 설레임으로 콩닥콩닥 방울지고

그들 앞에는 정갈하고 커다란 접시에

그들의 미래가 보랏빛으로 명백히 제시되어 있다

그 위엄은 그리스 신화의 긴 이름을 가진 어느 神의 것이다

그는 밤새 창공을 가르며 하얀 날갯짓을 한다

꿈이 퇴색하지 말라고

가끔씩 하늘에서 빗물 새로이 적셔주고

하루에도 수백 명의 눈길로 자양분을 받으며

빛줄기에 꿈이 꿈틀거린다

하나 둘 영글어간다

보기 좋게 풍요로워진다

곁을 지나치는 사람들의 꿈의 알맹이도

풀잎에 꽃잎에 강렬히 박힌다

푸르른 꿈의 영혼이 시나브로

그들 몸에 형체를 이루어간다

사색하는 물 안에서

다리 사이에서 뿌리가 하혈을 하고 나면

빠알간 인고의 물은

어느 날 보랏빛 꽃으로 피어나리니

** BGM 추천 : Jazz Funk Soul <Room W Vu>

어느 마조히스트의 소원

찢겨진 심장에 조금만 더 핏물이 흘러나오기를
쓰라림이 지금보다 더 깊어지기를
외로움과 괴로움이 칡넝쿨처럼 엉켜서 풀리지 않기를
이 영혼이 오아시스 없는 사막보다 더 갈증하기를
생채기가 이대로 하염없이 덧나기를

끝내 바닥에 쓰러져서 수년을 못 일어나기를
살을 도려내는 詩들의 몸부림이
어느 날 너의 심장 박동으로 다시 태어나기를
바다의 심연까지 파내려간
너를 향한 그리움으로 견뎌내는 뼈와 살이
필경, 모조리 가루 먼지가 되어 버리기를
차라리 이름 없는 분화구의 마그마가 되어 버리기를
無로 돌아가도 영원히 아려오기를

** BGM 추천 : Ana Carla Maza <Te me fuiste>

新 동동주 별곡

소녀는 아궁이에 불 지펴 방구들 따뜻하게 해놓고
밀린 빨래 손으로 자근자근 다 빨아서 하얗게 널어놓고
빳빳이 풀 먹이고 다듬이로 두드리고
이불 호청 꿰매고 나서
이제서야 한숨 돌리고 있는데
가슴 아린 쓸쓸함이 오두막을 덮쳐옵니다
따끈따끈하게 고구마도 구워놓았습니다
서방님은 어디메 오시는가
읍내에 이틀 전에 호두랑 잣이랑 팔러 나가셨는데
동지섣달 기나긴 밤
하염없이 창호지 문틈 사이로 몇 번이고 들여다보며
눈물샘이 다 마르도록 기다립니다
밤이 길어 아궁이에 다시 불 지펴서
창포물에 머리 감고
달밤에 목욕재계하고
솔내 물씬 나는 새 속곳으로 갈아입고
새 버선 꺼내서 버선코 맞춰서 앙증맞게 신고
아카시아 기름 긴 머리에 살짝 바르고
비녀까지 꽂고 앉아있사옵니다
풀어헤친 머리가 더 나을까 하여

몇 번이고 비녀를 꽂다 뺐다를 반복하옵니다
봉숭아 물들인 손톱 정갈하게 정리하고
저고리 고름 살짝 풀어놓고
젖가슴에 두 손을 가지런히 모으고
김이 모락모락하는 방구들에 누워
독수공방 서방님만 기다립니다
허나, 허허 바람 소리에 베갯잎만 적시옵니다
이제나 오시려나 저제나 오시려나
기다림에 목이 타서 동동주 한 잔 혼자 얼른 걸치옵니다
알딸딸하야 달이 휘영청하옵니다
소녀 이제 호롱불 끄겠습니다
내일은 또 해가 뜨겠지라

** BGM 추천 : 고영열 <아리랑>

모음의 노래

가녀린 몸뚱이 하나에는
이제 '오'라는 모음 하나만 남았습니다
"오… 님 향한 그리움"
심장 한가운데가 뚫린 수많은 밤의 텅 빔은
님의 숨결로 채워지는 순간만을 기다립니다
오늘 밤도 홀로 달빛 아래
입을 모아, 심장을 모아 '오'의 향을 내뿜습니다
천 리 밖으로 퍼지게 합니다
사계절을 기다려도 오지 않는 님을 향해
이제는 다섯 개의 꽃잎을 만들어냈습니다
그러다 또 님이 나타나지 않으면

필경 여섯 꽃잎이 되렵니다
꽃잎이 언젠가 백 개로 늘어난다 해도
언젠가 '오'고야 말 님만을 기다립니다
기다림에 서글퍼 서서히 멍울져 가는 심장은
보랏빛 절개 하나로 이 밤을 또 지새웁니다
이 고독을 지탱해주는 널찍한 초록 잎사귀는
님이 타고 오시는 돛단배의 돛입니다
백 년을 밤새워 뿜어대는 향으로
어느 날 천 리에 닿으면, 내 진실이 닿으면
언젠가 님의 돛을 펼치게 할 것입니다
오늘 밤도 이 심장은
하나밖에 발음할 수 없는 모음으로 노래합니다
"오… 오… 오…"
온몸을 다해, 온 모음을 다해…

** BGM 추천 : Francis Cabrel <Je l'aime à mourir>

국수

아무도 바라보는 이 없던 허허 들판에서
오직 밀밭형 어지럽게 흩날리던 그 대지에서
태양빛, 이슬, 우주의 정기를 온몸에 품고
가끔씩 들러 위로해주는 달빛을 벗 삼아
모진 바람 견뎌내고 이겨내고
안에서 시나브로 영글어가는 밀알의 밀어, 들리는가

어느 날 그 영글었던 시간들이 농축되어
대지를 떠나던 날,
낫으로 베이던 몸의 상처는
그간 뼈저린 외로움을 이겨낸 훈장으로 남아
쭉정이는 가려지고 알곡으로만 남아
하얗고 야무진 국수 가락으로 만들어지던 날,
나, 하늘에 길고 긴 사랑을 염원했노라

이리 저리 바닥에 맞고 뒤집히다가
어느새 쫄깃한 면발이 되어
한 그릇 국수가 되어
사랑에 배고픈 그대 가슴을 관통하고
허전함을 달래는 푸르른 향취로 남아

그대 시린 상처 달래주는 따스함이 되어
잠시나마 뜨겁게 존재할 수 있었다면
그것만으로도 내 삶은 의미 있었다 말하리

들깨 적당히 뿌린 그윽한 국물에서
내리쬐던 폭염의 햇살 이겨냈던 시간들을
그대가 문득 느낄 수 있다면
그것으로 족하리
한 방울의 국물도 남김없이 사라져 가도
그대 안에서 머물렀던 달콤한 기억으로
이제 기체로 승화되어도 좋으리
잠시 스쳐간 인연이었지만
굵고 짧은 삶이 아닌 얇고 짧은 삶이었으나
진정 행복했었다 말하리

** BGM 추천 : TONOLEC <El cosechero>

꺾인 꽃들에게 바치는 진혼詩

잠시 그대들을 아프게 하면서 꺾는 나를 이해해주오
모두 그녀의 아픈 마음을 달래려 하는 것이니
부디 조금만 참아주오
그대들의 한숨과 아픔은 찰나지만
그녀의 행복은 영원할 테니

그대들로 인해 그녀의 심장에 詩 향기 더 돋아날 수 있다면
꽃의 영혼이여, 부디 나의 잔인함을 용서하라
그대들은 그녀의 생명력 앞에서 언젠가 시들어주어야만 한다

그녀의 아름다움 앞에 고개 떨구어야 한다
무릎 꿇어야 한다

기억하라
단 한 번의 꺾임으로
다른 이를 영원히 행복하게 해줄 수 있는 존재는
그래도 태어날 가치가 있었다는 사실을
위로하노라 그대들의 일시적 아름다움을
감사하노라 그대들의 사라짐을
기도하노라 그대들의 다시 태어남을

** BGM 추천 : Mozart <Requiem>

밤톨

남몰래 흐느끼던 달빛의 눈망울도,
바람이 스쳐가지 않아 애태우던 나뭇잎도,
마음 한껏 담갔다 위로받던 강물의 몸짓도,
맑고 싶어 맑고 싶어 하염없이 우러러보던 햇살도,
말 못하는 그리움을 그대로 말없이 적셔주던 빗방울도
모두 밤 한 톨 안에 있다
그중에서도
그간 가슴앓이 제일 심했었을 것 같은
알맹이를 먼저 골라본다
그 까칠한 표면을 만져본다
부드러움을 갈구하는 그 가녀린 절규를 어루만진다

가만 들여다본다

가슴에 대고 사연을 들어본다

그의 흐느낌을,

그 애태움을,

그 몸짓을,

그 갈망을,

그 애절함을…

밤톨 하나 하나는

눈물방울의 결정화(結晶化)

겉으로만 강해 보이는 가슴 안에

말랑말랑한 그리움 있다

조갯살같이 여린 상처가 있다

밤톨 하나에 내 마음을 들켰다

** BGM 추천 : 스톤재즈 <군밤타령>

나비효과

상처의 바다에서
찬란한 시 한 마리를 잡는다
통통한 은빛 팔딱거림에
눈이 부신다

상처는 시가 되어
어느새 풍요가 된다
풍요는 고요가 된다
고요는 포효가 된다

화상

이슬 내린 그날 새벽
빠알간 태양은 홀연히 지상에 내려와
샛노란 눈동자가 되어
하이얀 가슴에 박혀
그 뜨거움이 사그라들지 않네
잠 못 드는 밤들은
가슴에 하나 둘 쌓여
아프지 않은 척 고운 가루로 변했지만

미세한 알갱이 사이에 숨은
불에 데인 눈물방울
스쳐 지나는 바람은 알 수 있을까

불타는 몸
첫눈이 내리면 씻어내릴 수 있을까
못 견디는 이 뜨거움 쉬이 사그라들도록
머리부터 발끝까지 함박눈의 모습을 하고
첫눈을 부르노라

마법사의 주문으로 몸을 하늘거리며
불에 데인 상처를 한 번에 치료해줄
그런 첫눈을 기다리다가
몸은 이미 함박눈이 되어버렸다

** BGM 추천 : Pomme <On brûlera>

가슴 아픈 시절이
다시 찾아왔나 보다

또 가슴이 아픈 시절이 왔나 보다

그 찬란했던 봄 햇살마저도 아프다

나뭇가지 위의 이름 모를 새의 총총거림마저도 시리다

나뭇가지가 뻗은 형상은

네 이름을 필기체로 꺾어 쓴 것 같다

필기체 끝은 눈물로 적셔있다

새가 밤새 네 이름을 연습했나 보다

날 위해 대신 써주었나 보다

혼자 흐느끼는 내가 안쓰러워서

마음 깊은 저 새가 나 대신 밤새도록

뜰을 온통 네 이름으로 갈겨 써놓았나 보다

그리움 더 못 견뎌 몸부림치는 시절이

다시 찾아왔나 보다

네 이름만 쓰다가 봄이 지고 있다

초록이 지고 있다

** BGM 추천 : Jenni Vartiainen <Missä muruseni on>

봇물

겨우내 아무도 몰래 간직해온
가슴속 이야기
그 처절했던 시간을
흐느끼던 말줄임표의 고독
사방으로 단단한 갈색 껍질은
아직 미성숙한 마음을 채로 걸러
곱게 채반에 받쳐 기다리도록
급한 겨울바람에 포효하지 말도록
어르고 달래주곤 했으나,
이제는 더 못 견디고 마음도 몸도 쑤시던
어느 달밤에
틈새를 쑤시고 나오는 고백,
봇물 되어 연둣빛으로
파르르 터져버렸으니,
아무 일 없었던 것으로 하기엔
이제 너무 늦어버린
들켜버린 봄의 마음
이제는
빠알간 꽃망울이 터지기만을 기다리노라
누군가의 발길로, 손길로, 눈길로, 숨길로

그렇게 봄은 긴 기다림 후에
또 다른 기다림으로 이어져
대지를, 하늘을, 마음을
온통 연둣빛 향으로 물들인다

** BGM 추천 : Antonio Carlos Jobim <The Girl From Ipanema>

가을님 떠나시기 전

가을님이시여,

지금 떠나가도 좋으나

나를 보고 처음 심장이 뛰었던 그 순간도

기억 속에 같이 가져가소서

그토록 선명하고 상큼한 색상이라며

나를 찬미하던 그 시절을 부디 한 번만 더 돌이켜주오

내 꽃잎의 은은한 향으로 긴긴 밤을 휘감아

강물에 비치는 달빛에 다 뿌리고 싶다던

그 詩의 마음을 부디 잊지 마오

가을님이시여,
떠나가야만 하는 그 마음이 아픈지
뒤돌아보지도 않고 서두르며
이제 나를 떠날 채비를 하지만
세월이 흘러 열 달 하고도 두 달만 있으면
가을님이 다시 돌아올 거라는 것을 아노니
상큼함도 풋풋함도 모두 바람에 싣고
분명히 다시 돌아온다는 자연의 법칙을 아노니
그 믿음으로 인해 지금 당장 조금 시들어도
지금 당장 많이 아파도
하늘 향해 미소 지을 힘을 나는 얻었나니
가을님이시여, 긴긴 겨울님께 가는 여행길에
혹시라도 풀숲에 숨어서 흐느끼는
어느 이슬방울 하나 마주치거든
그 눈망울이 내 눈물인 줄로 아소서
그 연약함이 내 마음인 줄로 아소서

그리하여 다음 가을에 부디 그 이슬 다시 가져와
이 몸 꽃잎에 흠뻑 적셔주소서
외로움 구석구석 어루만져 주소서
긴긴 그리움의 밤들을

가을님의 몸으로 적셔주소서

가을님이 존재하는 석 달 내내

그리해주소서

약속하셨으니

이제 떠나셔도 됩니다

** BGM 추천 : Andrea Motis <Chega de saudades>

리본

이 상자에 네 지문을 가장 많이 남긴 것은
몇 번째 손가락일까
네 손금 어느 언저리를 스치고 있을 때
내 몸이 파르르 떨고 있었을까
네 입술을 잠시라도 스쳤을 너의 손가락,
그 손가락이 자국을 남겼을
이 상자를 묶은 리본
기다란 녹색 나일론 천의 질감,
이 진한 화학성 냄새는 차라리 황홀한 풀향기여라
새파란 풀이 초록색 나일론이 되고
다시 질긴 무생물이 되어, 그리고 생물이 되어
무와 유의 경계를 허무는 엄숙한 순간
리본을 푸르는 시간
영혼이 푸르러지는 시간

** BGM 추천 : 잔나비 <가을밤에 든 생각>

버리시오

탐욕의 찌꺼기, 욕망의 자투리
다 버리시오
비운 마음으로 다시 돌아오시오
시기와 질투를 버리시오
미움과 의심을 버리시오
이기주의를 버리시오
도무지 못 버리겠으면
그 통 안에 이만 들어가시오

구부리고 앉으면
제법 요가 자세가 나올 법도 하오

** BGM 추천 : Ethan Uslan <Rondo Alla Turca>

소원

님의 말은 전부 시 같아요
시 쓰는 분 맞지요? 라고
누군가 먼저 물어봐 주는 것
님의 시는 힐링이 되네요 라고
누군가 힐링 되는 말을 던져 주는 것

님은 시처럼 사시네요
라고 누군가 감탄해주는 것

내 소원은 그것뿐

다른 차원

나에게는 두려움의 대상인 전선이

너에게는 잠시 쉬어가는 벤치일 뿐

나에게는 평생 한 번도 올라가 보지 못할 그곳이

너에게는 재능도 기술도 아니고

단지 일상의 반복일 뿐

내가 위를 처다볼 때

너는 아래를 내려다본다

시선이 잠시 마주친 듯도 하나

서로에게 무의미한 접속

나는 나의 세상에서

너는 너의 세상에서

우리 그렇게 코드 맞지 않는 차원에서

나와 너는

다른 차원에 산다

나와 또 다른 나 하나도
다른 차원에서 산다

** BGM 추천 : Avalon Jazz Band <Que reste-il de nos amours?>

그렇게 짖어대지 마라

단지 아침 산책길에 내 길을 가려 했던 것뿐이고

어느 집을 지키는 네 눈에 띄고 싶지 않았고

그렇게 얼른 그 집을 지나치려 했던 것뿐이었다

그렇게 최고의 데시벨로 짖어대며

이웃들 이른 아침 단잠을 깨우지 말라

평화를 깨지 말라

네가 지키는 그 집을 털 계획이 애초에 없었다

무해한 영혼이다

그렇게 날뛰지 마라

그렇게 짖지 않아도 된다

너의 집에도 너의 마음에도

들어갈 마음이 단 1그램도 없었다

관심 밖이었다

너는 처음부터 내 스타일이 아니었다

눈 한 번 마주치기 싫었다

그런데, 이것은 어디서 많이 들어본 문장?

** BGM 추천 : Liszt <Hungarian Rhapsody No.2>

아로니아 영혼

한 영혼이 울부짖는다
님이 떠나가는 모습을
먼발치에서 바라보다가
그만 가슴이 타들어가다 말고
어느새 온몸엔 핏물이 흘러버렸다고…
이제 문드러지고 으깨지고 쓰러질 일만 남았다고

다른 영혼이 흐느낀다
떠나와야만 했던 그 길에서
피멍 든 그대의 가슴속에
푸르름 하나 전해주고 싶었다고
이루어질 사랑의 운명을 절박하게 기도하다

손금 안의 사랑 연결선이 밖으로 튀어나와
그만 여기저기 푸르른 가지가 되어버렸다고
그대 핏물 가슴 위에 뿌려 놓고 간다고

세월은 흐르고
님은 더 멀리 갈 수 없는 곳까지 갔고
통신은 두절되었고

이 땅에 남은 서글픈 아로니아 영혼은
하루하루 점점 더 독한 술맛으로 변해간다
푸른 운명이란 가지의 향을
술맛 한가운데 심어놓은 채
님은 그렇게 떠나갔다

남아있는 아로니아의 서글픔이 독해지면
독한 술이 될 수밖에

** BGM 추천 : Richard Clayderman <Mariage d'amour>

어떤 헌신

너만 푸르게 푸르게 커나갈 수 있다면
내 존재 아무도 몰라도 좋아
몇 해가 되어도 싱싱함 그대로 유지할 수만 있다면
내 몸이 시들 때까지 계속 네게 물을 줄게

뒤에서, 밑에서, 옆에서
그렇게 일할게
너를 돋보이게 하는 일이라면

커튼 뒤에서 네 이파리색으로 얼마든지 위장해서
밤새 하는 노동도 마다하지 않을게

몸에서 뿜어져 나오는
열정이 가끔은 너무 세서
물줄기에 내 몸이 바르르 떨 때가 있어

근데 이런 고생쯤은 아무것도 아니야
너만 싱싱해 준다면
너만 푸르러 준다면

** BGM 추천 : Boulou Ferré <Non ne joue pas>

여백 사이로

무슨 사연으로 그리도 긴 호흡으로
긴긴 벽을 타고 그 마음 전하려 하는가
어디서부터 시작되었나
어디까지 닿고 싶은가
왜 닿고 싶은가
언제까지 다가갈 것인가
그 사연 과연 어떻게 매듭지으려 하는가

처절한 고독의 시간들
혼자 감당할 수 있겠는가
여백 사이로 번져가는 그대의 몸부림은

수묵화를 닮았다

그 쓸쓸함을 닮았다

** BGM 추천 : 고보석 거문고 연주 <일출>

뭣이 중헌디?

집에 도둑이 들었다
틈틈이 모아놓은 현금 1만 불이 없어졌다
보석도 준보석도 없어졌다

그러나,
지난 30년간 시를 끄적여놓은 노트들은 그대로 있었다
휴, 다행이다

** BGM 추천 : Flo Rida <Good feeling>